I0179166

L. MALVOISIN
RELIEUR
Rosny-sous-Bois (S.-&-O.)

UNE LETTRE INÉDITE

DE

MONTAIGNE

ACCOMPAGNÉE

DE QUELQUES RECHERCHES A SON SUJET

PRÉCÉDÉE

D'UN AVERTISSEMENT

SUIVIE

DE PLUSIEURS FAC-SIMILE

ET

DE L'INDICATION DÉTAILLÉE D'UN GRAND NOMBRE DE SOUSTRACTIONS ET
MUTILATIONS QU'A SUBIES DEPUIS UN CERTAIN NOMBRE D'ANNÉES LE
DÉPARTEMENT DES MANUSCRITS DE LA BIBLIOTHÈQUE NATIONALE.

Par Achille JUBINAL

ex-professeur de Faculté.

PARIS

CHEZ DIDRON, PLACE SAINT-ANDRÉ DES ARTS, 30.

1850

8° L 27 n
12676

UNE LETTRE INÉDITE

DE

MONTAIGNE

8 Ln²⁷
12676

UNE LETTRE INÉDITE

DE

MONTAIGNE

ACCOMPAGNÉE

DE QUELQUES RECHERCHES A SON SUJET

PRÉCÉDÉE

D'UN AVERTISSEMENT

ET

SUIVIE DE L'INDICATION DÉTAILLÉE D'UN GRAND NOMBRE DE SOUSTRACTIONS
ET MUTILATIONS QU'A SUBIES DEPUIS UN CERTAIN NOMBRE D'ANNÉES
LE DÉPARTEMENT DES MANUSCRITS DE LA BIBLIOTHÈQUE NATIONALE.

Par Achille JUBINAL

ex-professeur de Faculté.

PARIS

CHEZ DIDRON, PLACE SAINT-ANDRÉ DES ARTS, 30.

1850

AVERTISSEMENT.

La République, quelques semaines après son avénement, et juste à l'heure où je la défendais de ma plume et de ma parole, m'a fait des loisirs forcés.

Malgré dix-huit ans de travaux littéraires et archéologiques qui n'ont peut-être point été sans quelque influence sur la marche des investigations historiques ; — malgré dix années de professorat qui furent, j'en appelle à mes nombreux auditeurs, dix années de succès, et dont chaque leçon était un enseignement libéral et éclairé, un ministre de hasard, — sans idée comme sans talent et sans cœur, — obéissant, car il ne me connaissait pas et il n'avait consulté personne, aux injonctions d'un commissaire général de département, sorti de la lie du peuple et qui voulait donner ma place au secrétaire qui mettait pour lui l'orthographe, — m'a chassé comme un laquais.

Quel était mon crime ? — Évidemment c'était d'occuper une position que quelqu'un enviait ; mais j'avais encore sur la conscience trois autres méfaits que je ne soupçonnais pas, et que ce ministre, le sieur Carnot, daigna me faire révéler par un des hauts employés de son administration.

On me reprochait :

1º D'avoir été camarade de collége de Monseigneur le duc d'Orléans ; 2º d'avoir, lors de sa mort si regrettable et si

douloureuse, rendu hommage à la noblesse de sa vie dans
trois ou quatre pages publiées à Montpellier ; 3° enfin, crime
non moins irrémissible, d'avoir osé dans une revue méridio-
nale que j'avais fondée, apprécier en un ou deux articles les
œuvres littéraires et politiques de M. le comte de Salvandy,
le seul ministre, avec M. Guizot, dont les lettres contempo-
raines aient gardé la mémoire !...

A l'énumération de tous ces crimes que le passé de celui
qui était chargé de me les faire connaître rendait encore plus
piquante, je souris de pitié, haussai les épaules et sortis,
sans faire entendre au muet de M. Carnot la moindre récri-
mination. Je compris qu'avec des gens qui condamnaient la
reconnaissance comme un vice ou une *faute*, ce qu'il y
avait de mieux à faire, c'était de s'armer de mépris et d'attendre.

Le lendemain, je me dis que les ministres, les révolu-
tions, les monarchies, voire même les républiques, passent ;
mais que les livres ne passent point, et je me remis à en
faire.

C'est par suite des travaux qui suivirent cette résolution,
que je compte donner bientôt au public, si les circonstances
me le permettent, une histoire en plusieurs volumes de la
littérature espagnole et divers ouvrages transcrits ou tra-
duits du moyen-âge français et étranger.

En attendant, j'offre aux érudits et aux admirateurs de
l'immortel auteur des *Essais*, une lettre inédite et véritablement magnifique par la pensée et par l'expression, de ce
grand philosophe si plein de sens, de droiture, de naïveté,
qu'on a appelé le bonhomme, *que sais-je* (pas si bonhomme
pourtant), de Montaigne enfin.

Voici comment je fus amené à découvrir cette précieuse

lettre, et pourquoi, en la publiant, je me suis résolu à la faire suivre de recherches qui n'ont avec elle aucun rapport.

Il y a deux mois à peine quelques questions me furent adressées d'Allemagne par un grand protecteur des arts avec qui j'avais eu l'honneur de me lier d'une assez vive amitié en 1838, durant le cours d'une mission littéraire que je remplissais en Suisse. Ces questions étaient relatives à diverses *Bibles*, et autres manuscrits de la Bibliothèque nationale. M. le comte de *** me priait de lui donner la description de ces manuscrits, et d'en faire pour lui la vérification au point de vue qu'il m'indiquait.

Les travaux que je prépare m'avaient retenu dans mon cabinet presque toute l'année dernière, et j'avais peu fréquenté la Bibliothèque ; je profitai de cette circonstance pour me livrer à mon goût de recherches vagabondes et faites un peu au hasard, spécialement dans les recueils épistolaires inédits où se trouvent souvent cachés les sentiments et les pensées les plus intimes des hommes que nous n'avons jamais envisagés que revêtus de leur costume officiel. Aussi tout en exécutant ce que mon savant et illustre ami me demandait, je me mis à fouiller certains recueils, non décrits, non dépouillés ou du moins mal catalogués, et dans lesquels on a déjà fait, à plusieurs reprises, des découvertes importantes.

Je ne m'attendais guère, je l'avoue, à celle que le hasard m'y ménageait presque dès l'abord, non plus qu'à d'autres en grand nombre, qui, soit dans le même recueil, soit dans d'autres fonds de la Bibliothèque, vinrent chaque jour récompenser mes recherches et dépasser mon attente.

J'en étais là, constatant d'immenses lacunes tout en faisant d'heureuses trouvailles, mais ne songeant pour le moment à communiquer au public ni les unes ni les autres, et je me livrais à la joie d'un entomologiste qui, ayant découvert un insecte, croit avoir trouvé un monde nouveau, lorsqu'il m'arriva au département des imprimés de la Bibliothèque nationale la singulière histoire qui suit :

Ayant eu besoin, pour des travaux tout-à-fait en dehors de ce qui précède, de consulter le catalogue de vente de la bibliothèque du duc de Lavallière, je m'adressai à mon honorable ami M. Charles Magnin, conservateur au département des imprimés, chargé spécialement aujourd'hui de garder et de communiquer ce qu'on appelle *la Réserve*, c'est-à-dire les livres rares, les éditions *princeps*, les imprimés gothiques, etc., véritables trésors bibliographiques qui ont été avec raison mis à part.

Je m'adressais à M. Magnin, d'abord, parce que, depuis plus de vingt ans que je le connais, je l'ai toujours trouvé, pour les gens de lettres en général, — pour moi en particulier, — aussi obligeant qu'instruit ; ensuite, parce que désirant un catalogue Lavallière avec les prix de vente marqués à côté de chaque article, et, si c'était possible, avec les noms des acheteurs (ces exemplaires sont fort rares) je supposais que celui de la Bibliothèque devait être à la *Réserve*.

Je ne me trompais pas : « Je vous chercherai cela, me « dit M. Magnin ; j'ignore si nous avons un catalogue « avec les noms des acheteurs ; mais je vous en trouverai « un avec les prix de vente. — Vous devez avoir l'autre « aussi, bien certainement, repris-je ; rappelez-vous que « de Bure, en mourant, a légué à la Bibliothèque sa collec-« tion de catalogues ; évidemment celui-là s'y trouve. — « C'est probable, répondit M. Magnin ; je vous chercherai « ce livre dans le cours de la séance, et si je ne suis pas

« là quand vous reviendrez, vous le demanderez à M. Ra-
« venel : je lui remettrai ce que j'aurai trouvé. »

Je revins du département des manuscrits avant la fin de
la séance : M. Magnin était absent; je m'adressai à M. Ravenel : « Je n'ai rien, me dit-il assez sèchement; vous de-
« mandez là des livres très difficiles à rencontrer. Je vous
« chercherai cela demain.

J'avais fort envie de répliquer à cause du ton qui me paraissait assez extraordinaire ; mais je me contins.

Le lendemain, M. Ravenel trouva néant; — le surlende-
main, il ne trouva pas davantage. Cette petite comédie qui
rappelait dans un autre sens le roman de *Japhet à la recherche de son père*, menaçait de n'avoir pas de fin, et il faut
que toute histoire en ait une. Le hasard procura à la nôtre
un dénouement impromptu :

Un jour, au lieu de m'adresser de nouveau à M. Ravenel
que j'apercevais au bureau des conservateurs , j'entrai dans
la salle des globes où se tient d'habitude M. Magnin, pour
lui adresser mon éternelle demande. Il venait de sortir.
M'approchant alors de l'employé qui préside au catalogue, M. Eugène d'Auriac, je lui dis par forme de conversation : « Je suis bien contrarié que M. Magnin ne soit pas
« là; je voulais lui demander un catalogue Lavallière avec
« les prix et les noms des acheteurs, qu'il m'a promis. Sa-
« vez-vous s'il l'a trouvé? — Je l'ignore, me dit-il ; — puis
« tout à coup se frappant le front : — Oublieux que je suis,
« ajouta-t-il ! nous en avons un ici depuis trois ou quatre
« jours, probablement pour vous ; je vais vous le donner. »
Allant alors au bureau que M. Ravenel occupe dans la salle
des globes, quand M. Magnin est à celui des Conservateurs
dans la salle de lecture, il y prit et m'apporta *un catalo-*

x

que Lavallière, non seulement avec les prix, mais avec les
noms des acheteurs, et, de plus, avec des renvois très curieux
aux catalogues Gaignières, Gaignat et autres. —« Bon ! me
« dis–je, sans faire part de mes réflexions à M. d'Auriac ! la
« chose est assez plaisante ; je l'éclaircirai plus tard. Il paraît
« qu'on ne voulait pas me communiquer ce livre. »

Je m'assis alors à une table, je tirai du papier de ma po-
che, et je me mis à travailler.

Il n'y avait pas dix minutes que j'étais là, quand je vis
arriver M. Ravenel. Il me regarda en passant, alla à son bureau d'un air inquiet, y constata d'un seul coup d'œil l'absence de son catalogue Lavallière, et revint vivement dire
un mot à M. d'Auriac qu'il entraîna dans un coin. Quand
il eût quitté cet employé, et qu'il fut rentré dans la salle de
lecture, — supposant bien que toutes ces allées et venues
me concernaient, ou pour mieux dire concernaient le malheureux catalogue Lavallière,—je me levai et je m'approchai de
M. d'Auriac : « Il paraît, me dit tout bas celui-ci, que je
« viens de faire une *boulette* (sic). — Laquelle ? et com-
« ment ?—En vous communiquant le catalogue Lavallière ;
« M. Ravenel vient de me dire que j'avais eu très grand
« tort, que je n'aurais pas dû vous le donner, etc., etc. »

Quelques instants après, M. Pilon, conservateur adjoint,
arriva, et se dirigea vers le livre de prêt où M. d'Auriac était
en train de demander un renseignement. De là, M. Pilon
m'apercevant, me fit un signe ; je me rendis près de lui.
Au même moment, M. Ravenel rentra, et se dirigeant vers
le coin où nous étions, il dit à M. Pilon et à M. Klein
(l'employé qui tient le livre de prêt) : « Veuillez nous lais-
« ser un moment ; j'ai à parler à MM. Jubinal et d'Au-
« riac. » Quand nous fûmes seuls : « Monsieur, me dit–il,

« *je vous ai fait tout à l'heure un mensonge.* — Ah !
« monsieur, dis-je, en l'arrêtant, je n'accepte pas ce mot;
« vous qualifiez trop durement une erreur : vous vous êtes
« trompé; voilà tout. — Non, monsieur, reprit M. Ra-
« venel. J'avais, comme vous le voyez, le catalogue Laval-
« lière; mais *il était convenu* qu'on vous dirait que nous ne
« l'avions pas, et je l'avais mis de côté afin qu'il ne vous
« fût point communiqué.—Et pourquoi, s'il vous plaît?—
« Parce que vous avez écrit, *m'a-t-on dit,* quelque chose de
« favorable à M. Libri, et que nous regardons tous ceux
« qui le défendent COMME NOS ENNEMIS ACHARNÉS; contre
« eux nous nous défendons *comme nous pouvons.* Voilà
« pourquoi je vous ai fait ce *mensonge.*

« — Monsieur, repris-je, avez-vous lu ma brochure?
« — Non, monsieur. — Permettez-moi de vous dire que
« vous avez eu tort; elle vous aurait peut-être éclairé. —
« C'est possible, mais le bibliophile Jacob nous attaque par
« des moyens si déloyaux !... — Monsieur, je ne m'en
« fais pas juge; chacun est le maître de sa plume et de sa
« pensée; si M. Paul Lacroix vous attaque, répondez-lui.
« Quant à moi, je vous défie de trouver un mot, dans ma
« brochure, qui ait trait à la Bibliothèque du roi. — N'im-
« porte, monsieur; vous avez défendu M. Libri, et nous avons
« eu peur que vous ne voulussiez puiser des renseignements
« contre nous dans le catalogue Lavallière. — Vous vous
« trompez, monsieur; je fais des recherches dans un autre
« but, et j'avoue que la doctrine que vous m'exposez me
« surprend fort. Votre devoir est de communiquer au public
« ce que vous avez, sans vous informer des motifs qui font
« qu'on vous le demande. Personne, que je sache, n'est
« obligé de vous dire dans quel but et pourquoi il travaille.

« — C'est vrai, monsieur, me répondit M. Ravenel, mais,
« que voulez-vous, les attaques contre nous ont pris de telles
« proportions !... Et vous, monsieur, ajouta-t-il en se tour-
« nant vers M. d'Auriac, vous avez eu tort de communiquer
« à monsieur un livre qui était sur mon bureau. Ceci vous
« montre qu'il faut apporter *la plus grande discrétion dans*
« *vos communications.* — Ma foi, monsieur, répondit avec
« naïveté M. d'Auriac, je ne comprends rien à tant de fi-
« nesse ; si vous m'aviez prévenu, j'aurais soutenu votre
« mensonge ; mais vous ne m'aviez rien dit : M. Jubinal
« est de mes amis, et j'avais pensé, il y a deux jours, en
« vous voyant mettre de côté le catalogue Lavallière, que
« vous agissiez ainsi, non point dans l'intention de le lui
« cacher, mais dans celle de le lui communiquer. »

La conversation continua quelques instants encore, en
des termes que je ne me rappelle plus, et elle aurait probablement duré longtemps, si l'heure de la fermeture, qui vint
à sonner, n'avait forcé les interlocuteurs à se séparer.

J'avoue que je conservai de cette aventure bibliographique
une bien pénible impression. « Comment, me disais-je !
pour avoir écrit quelques pages impartiales et vraies dans
lesquelles il n'y a pas un mot *pour, contre* ou *sur* la Bibliothèque nationale, me voilà transformé en *ennemi acharné*
de cette même Bibliothèque ? Suis-je donc un Erostrate et
craint-on de me voir réduire en cendres tous les trésors de
l'antique palais Mazarin ? Moi un ennemi acharné de la Bibliothèque ! Mais en 1840, je lui ai donné *gratis*, un monument (la tapisserie du *chevalier Bayard*), dont on m'offrait à l'étranger une somme assez considérable ; — mais
en 1838, à mon retour de Suisse, je lui ai fait hommage de
différentes collections de plans, cartes, livres, etc., que j'a-

vais obtenues, pour moi, soit du gouvernement des cantons, soit des sociétés savantes et des particuliers ; — mais la plupart de ses conservateurs et de ses employés sont mes amis ! M. Guérard a été mon professeur ; le regrettable Champollion qu'on a déporté sans raison à Fontainebleau, a été mon professeur ; M. Paulin Paris a été et est encore mon maître ; MM. Magnin, Reinaud, Hase, Lacabane, Pilon, Balin, m'ont toujours témoigné une vive affection et je la leur rends bien. Avec qui a donc pu s'entendre M. Ravenel pour me déclarer *ennemi acharné* de la Bibliothèque, et lancer ainsi contre moi toutes les foudres de l'excommunication ? Je l'ignore. Ce que je sais, c'est qu'en présence de ces faits, au moment où l'un de mes anciens confrères dans l'université, homme connu de toute l'Europe par sa science profonde de la bibliographie, est livré, pieds et poings liés par ses ennemis politiques, à une effroyable accusation, je me regarderais comme coupable, en face d'une administration qui ose déclarer qu'elle se défendra même par le *mensonge,* de ne pas donner la plus grande publicité aux dilapidations, que j'ai constatées pour ainsi dire, sans le vouloir, et qui ont jeté un grand nombre de volumes et de pièces dans tous les cabinets d'amateurs. »

Telles furent mes réflexions. Telles sont les circonstances, qui, malgré moi, ont donné naissance à la deuxième partie de cette publication.

On verra dans ces quelques pages, le détail des mutilations et des vols de toute espèce (et je n'ai vérifié qu'un très petit nombre de volumes, pris en un petit nombre de fonds), commis au département des manuscrits de la Bibliothèque nationale. C'est en une vingtaine de séances au plus que j'ai pu découvrir ces immenses vides. Ici ce sont des volumes entiers qui ont disparu ; là, ce sont des volumes qui ont été *abattus*, comme disent les relieurs, et d'où les pièces les plus précieuses ont été enlevées. Sans parler en détail d'une foule de lettres autographes moins intéressantes qui sont sorties de la Bibliothèque nationale, il suffira de dire que des lettres si rares de Montaigne, de Rubens, de Galilée, de Marie-Stuart, de Ronsard, de Mélanchton, de Dubartas, de Dolet, etc., des autographes de Raphaël, de Pascal, de Descartes (1), ont quitté d'une manière inconnue les collections qui les renfermaient, pour faire comprendre à tout le monde la gravité des pertes que nous déplorons. Souvent ces mutilations sont accompagnées de circonstances bizarres, telles que taches d'encre, grattage, etc., dont le but est de cacher ou de dissimuler l'enlèvement de certaines pièces. On ne comprend pas, par exemple, comment l'administration de la Bibliothèque nationale ne s'est point aperçue qu'un gros pâté d'encre a été appliqué sur le catalogue de la collection Dupuy à l'endroit où il est fait mention de cette lettre de Montaigne qui se trouvait en 1823 à la Bibliothèque nationale et qui en est sortie depuis. Je ne crois pas me tromper en annonçant que cette tache, qui n'est pas la seule, deviendra désormais aussi célèbre que celle du manuscrit de Longus qui fut faite involontairement par Paul-Louis Courier.

Ce ne sont pas seulement des autographes qui ont été enlevés de certains volumes de la Bibliothèque nationale : des manuscrits d'un prix inestimable ont été indignement mutilés ; ainsi, par exemple, le manuscrit unique de Baena qui a été volé à l'Escurial et que la Bibliothèque nationale a acheté

---

(1) Les lettres de Pascal, de Raphaël, de Descartes n'étaient pas à la Bibliothèque nationale ; on le verra plus loin.

dans ces dernières années connaissant le vol, ainsi que le recueil de poètes provençaux que cette Bibliothèque n'a pas rendu au Vatican, ont été mutilés depuis qu'ils sont à Paris. Il y a tout lieu de croire du moins que c'est depuis cette époque. Un manuscrit grec en lettres onciales contenant les épîtres de saint Paul, manuscrit du septième siècle et d'un prix inestimable, a vu de nouveau disparaître trente-cinq feuillets qui lui avaient été enlevés il y a plus d'un siècle, et que le comte Harley qui les avaient achetés s'empressa noblement de renvoyer à l'ancienne Bibliothèque royale. Il faut vraiment que ce manuscrit soit voué au malheur pour que les mêmes fragments en aient été ainsi dérobés deux fois de suite. Je ne saurais reproduire ici, même sommairement, l'énumération de tous les manuscrits dans lesquels j'ai constaté des mutilations ; pourtant je ne puis m'empêcher de signaler particulièrement à l'attention des érudits le célèbre manuscrit palimpseste de saint Ephrem qui a perdu le feuillet 138, dont un *fac simile* avait été, fort heureusement, exécuté par M. Lepelle pour un savant étranger.

La conclusion à tirer de tous ces faits est bien simple. Les magistrats, après une instruction qui a duré plus de dix-huit mois, sur les dépouillements éprouvés par nos bibliothèques publiques, vont avoir à rendre bientôt une décision qu'il n'appartient à personne de prévoir. — Quand ils connaîtront, après nous avoir lu, quelques unes des pertes éprouvées par le département des manuscrits ; — quand ils auront vérifié cette assertion de M. Paulin Paris, membre de l'Institut et conservateur à la Bibliothèque nationale, qui déclare que depuis un siècle il a été volé vingt mille volumes à cette Bibliothèque et que ces vingt mille volumes se sont répandus dans toutes les collections ; — quand ils se souviendront qu'il a été constaté officiellement dans des rapports adressés en 1841 au ministre de l'instruction publique par M. Ravaisson, que les Bibliothèques publiques de Brest et de Morlaix *ont disparu complètement sans laisser aucune trace;* — quand ils verront que le bibliothécaire de Rouen avait été forcé de reconnaître que sa bibliothèque avait perdu *deux cent trente mille volumes* en peu d'années; — quand ils sauront que la bibliothèque de Carpentras a été dépouillée de treize cents manuscrits en une vingtaine d'années, — que presque toutes les bibliothèques et les collections littéraires de la France ont été mises au pillage, et qu'il est de notoriété que dans plusieurs grands établissements publics, il a été commis, *de nos jours*, des soustractions effroyables par des employés auxquels on a accordé une funeste impunité, ils comprendront pourquoi il peut et doit se trouver dans les collections des amateurs, une foule d'objets provenant des établissements publics et dont les particuliers sont devenus légitimement possesseurs.

Je terminerai par un mot qui est le *delenda Carthago* de mon ami le bibliophile Jacob : — l'*Enquête!*... Oui, il faut une enquête; il faut un recollement général pour mettre un terme à ces brigandages; il faut que l'on sache au juste ce que l'on a perdu et ce qui reste encore dans nos établissements; il faut enfin que l'administration trouve, à dater d'aujourd'hui, un moyen de constater pour l'avenir, par un nouveau timbre, que telle ou telle pièce qui paraît sur table aux enchères, non seulement appartient à tel ou tel établissement public; mais encore qu'elle n'a pu en sortir légalement ni avant telle époque, et que par conséquent on a le droit et le devoir de l'y faire rentrer. Ainsi entendue, la sévérité de l'administration sera approuvée par tous.

Chacun de nous, particuliers aussi bien que magistrats, sera intéressé à lui prêter main-forte, et nous sauvegarderons ainsi les trésors intellectuels de la France, ou pour mieux dire de la civilisation ; mais vouloir charger un seul homme de toutes les mutilations qui ont eu lieu depuis cent ans, — vouloir le transformer en bouc émissaire, qu'on punirait des fautes dont l'ignorance et l'ineptie seules de ceux–ci ou de ceux–là devraient être responsables, c'est quelque chose de souverainement ridicule, et j'ai trop de confiance dans la justice de mon pays, pour croire qu'elle laissera s'accomplir une pareille iniquité.

ACHILLE **JUBINAL.**

UNE LETTRE INÉDITE

DE

MONTAIGNE.

———

Les lettres de Montaigne, comme le savent tous les érudits, sont loin d'être communes. On n'en connaissait jusqu'ici que quatorze ; celle que nous avons découverte et que nous publions plus loin forme la quinzième.

L'histoire de plusieurs d'entre elles étant assez bizarre, on nous aura sans doute quelque gratitude d'en parler ici et d'énoncer, sur ce qui les concerne, notre humble avis. Nos paroles seront d'autant plus curieuses qu'elles nous amèneront à des conclusions auxquelles personne ne s'attend et qui causeront peut-être un peu d'émotion dans le monde des bibliophiles ; mais ce n'est pas notre faute. Nous ne dirons que ce qui nous semble la vérité, nous lavant les mains du reste, comme Pilate.

Nous ferons connaître ensuite la lettre que nous avons été assez heureux pour arracher à l'oubli séculaire sous lequel elle

gisait, ainsi que les circonstances qui nous ont amené à la découvrir.

Voici d'abord ce que nous voulons dire de celles des lettres
de Montaigne qui ont fait le plus de bruit depuis quelques années, et éveillé spécialement l'attention des collectionneurs.

En 1846, M. Antonin Macé, élève de l'Ecole normale, publia dans le *Journal de l'Instruction publique* du mercredi
4 novembre, une lettre inédite de Montaigne qu'il avait trouvée
peu auparavant au département des manuscrits de la Bibliothèque royale (où personne n'en soupçonnait l'existence), dans
le tome 61-62 de la collection Dupuy.

M. le docteur Payen, admirateur passionné et éclairé de
Montaigne, qui a mis trente ans à réunir une inappréciable
collection de documents relatifs à ce philosophe célèbre, *crut
devoir intervenir*, comme il l'a écrit lui-même, *pour contester
quelques allégations dont cette pièce avait été l'objet.* Il confia
ses observations au *Bulletin du bibliophile* (numéro portant la
date d'octobre 1846, mais qui parut seulement en décembre),
et il en fit plus tard un tirage à part auquel il adjoignit quelques pièces non encore imprimées, ou insérées seulement dans
des recueils que ne possèdent pas le plus grand nombre des
bibliothèques. Cet intéressant travail est intitulé : *Documents
inédits ou peu connus sur Montaigne, recueillis et publiés par
le docteur J. F Payen.* Paris, Téchener, 1847.

La lettre découverte par M. Antonin Macé, est, sans con-
tredit, l'une des plus magnifiques par le fond et par la forme
qu'il fût possible à un homme de la valeur littéraire et philo-
sophique de Montaigne, de penser et d'écrire. Elle est, comme
la nôtre, adressée à Henri IV, et datée de Montaigne le 2 septembre 1590.

Qu'on nous permette de la rapporter ici d'après l'original
sur lequel nous la copions. Nous ne changeons absolument rien
au texte qui n'a ni alinéas, ni lettres capitales, excepté au mot

Sire. Nous le ponctuons seulement et nous y mettons des accents pour en faciliter la lecture :

Sire,

celle quil a pleu a vostre majesté mescrire du vintiesme de juillet ne ma este rendue que ce matin et ma trouvé engagé en vne fiebure tierce tres violente, populaire en ce pais despuis le mois passé. Sire, je prens a très grand honneur de recevoir vos commandemens et nay poinct failly descrire a monsieur le mareschal de matignon trois fois bien expressement la deliberation et obligation enquoy jestois de laler trouver, et jusques a luy merquer la route que je prendrois pour laler joindre en seureté sil le trouvoit bon. a quoy nayant heu aucune responce, jestime quil a considéré pour moy la longueur et hazard des chemins. Sire, vostre majesté me fera sil luy plaist ceste grace de croyre que je ne plaindray jamais ma bource aus occasions ausquelles je ne voudrois espargner ma vie. je nay jamais receu bien quelconque de la libéralité des roys non plus que demandé ny merité, et nay receu nul payement des pas que jay employés a leur service desquels vostre majesté a heu en partie cognoissance. ce que j'ai faict pour ses prédécesseurs, je le feray encores beaucoup plus volontiers pour elle. je suis, Sire, aussy riche que je me souhaite. quand jauray espuisé ma bource auprès de vostre majesté, a paris, je prendray la hardiesse de le luy dire, et lors, sy elle mestime digne de me tenir plus long temps a sa suitte, elle en aura meilleur marché que du moindre de ses officiers.

Sire,

je suplie dieu pour vostre prospérité et santé,

Vostre très hūble et très obeissa servitur et subiet,

Mōtaigne.

de montaigne,
ce second de septembre.

L'authenticité de cette épître ne peut faire l'objet d'aucun doute. Il n'y a qu'à la lire, pour s'assurer, à la noblesse des sentiments, à la mâle et fière tournure de l'expression, que Montaigne seul en est l'auteur. C'est bien là, en effet, la phrase de l'écrivain, novateur sans le vouloir, qui apprit à notre langue, comme on l'a dit (1), *des mouvements inaccoutumés* ; c'est bien là aussi la pensée du philosophe *dont l'esprit était moulé au patron d'autres hommes que ceux de son temps*, et qui avait, selon sa propre parole, *pratiqué par le moyen des histoires, les grandes âmes des meilleurs siècles*.

Cette lettre d'ailleurs est souscrite et signée de la main de Montaigne. Seulement, M. Macé qui n'avait jamais vu, même *fac-similée*, l'écriture de l'auteur des *Essais*, bien que deux grandes et célèbres collections, (la *Galerie française* et l'*Iconographie*) en continssent chacune un modèle, —(le même, il est vrai) ; — M. Macé qui confesse, par une erreur bien pardonnable et que je suis heureux de contribuer à faire cesser, n'avoir point comparé la lettre qu'il avait eu la bonne fortune de découvrir, avec les autographes de Montaigne, *parce que,* dit-il, *la Bibliothèque royale n'en possède pas d'autres de ce philosophe*, eut le tort, avant de s'en être assuré davantage, d'affirmer *que le corps de la lettre était de la main de Montaigne*. Si au lieu de se laisser emporter par le désir très naturel que la pièce qu'il révélait au public fût un autographe magnifique et inconnu de Montaigne, le jeune et heureux investigateur eût examiné sérieusement les apparences extérieures et le caractère graphique de la page qu'il avait sous les yeux, il ne se fût point aussi aisément persuadé à lui-même, qu'elle fût due matériellement et comme écriture, au philosophe périgourdin.

En effet, outre les excellentes raisons de divers genres par lesquelles M. le docteur Payen combat cette opinion et dont

(1) Jay, éloge de Montaigne.

la meilleure est qu'il suffit de comparer la souscription et la signature au corps de la lettre, pour trancher la question, il y en a encore une autre non moins frappante et que l'auteur des *Documents inédits* n'a point pensé à faire valoir : c'est une correction de Montaigne lui-même qui se trouve au milieu de la page et qui rectifie une erreur du texte. Le copiste ou le secrétaire a mis dans un passage : « Que *jy ay* employés. » Montaigne effaçant les deux mots *jy ay*, a écrit au-dessus et de sa main, le mot *jay*. La différence des écritures est facile à reconnaître. Il ne faut pour cela qu'avoir des yeux.

Je n'entrerai dans aucun détail sur les autres questions qui divisent MM. Macé et Payen ; je me bornerai à dire avec ce dernier que M. Macé a doté le monde littéraire d'un précieux document qui servira à faire ressortir puissamment le noble caractère de l'auteur des *Essais*.

La seconde lettre dont je veux parler est le prétendu autographe de Montaigne qui appartenait jadis à Mme la comtesse Boni de Castellane, et qui est aujourd'hui entre les mains de M. le docteur Payen. Mise en vente en 1834, avec la collection de Mme de Castellane, cette pièce qu'on regardait alors comme un original, fut achetée par feu Guilbert de Pixérécourt pour la somme énorme de plus de 700 fr., quoiqu'elle n'eût qu'une vingtaine de lignes. Alarmé sur l'authenticité de cette lettre par quelques bibliophiles ses amis, Guilbert de Pixérécourt la rendit à Mme de Castellane, qui, un peu plus tard, donna à Mme Delpech, éditeur de l'*Iconographie*, la permission de la faire fac-similer pour la collection qu'elle publiait.

Cette lettre fut, en effet, autographiée dans ce but ; mais Mme Delpech ayant appris qu'on la regardait comme apocryphe, ne voulut point l'admettre dans le bel ouvrage qu'elle éditait, et fit, avant le tirage, sans conserver même une épreuve, briser la pierre sur laquelle elle était reproduite. Quelques années après, M. le docteur Payen obtint de Mme Delpech qu'elle en fit rechercher les morceaux. Ils furent retrouvés, non sans peine, au milieu de beaucoup d'autres débris. Sur ces fragments rapprochés et réunis on tira, avant de les détruire définitivement, trois épreuves d'après lesquelles M. le docteur Payen fit paraître en 1847, à la page 16 du tirage à part de son travail publié en réponse à quelques allégations de M. Macé, le texte de cette lettre resté jusque-là inédit.

Il est évident, à la lecture de ces lignes qui font allusion à une aventure racontée par Montaigne dans ses *Essais* (chapitre de la *Physionomie*), que cette lettre est bien sortie de la plume de notre philosophe ; mais ce qui n'est pas moins évident, à la vue de la pièce elle-même que M. le docteur Payen a eu, tout récemment, l'obligeance de nous communiquer, c'est que jamais ce n'a été là un *autographe* de Montaigne ; c'est un *fac simile* passablement exécuté, si l'on veut, d'un original ; mais ce n'est pas l'original lui-même, et malgré le soin qu'on a eu de choisir du papier offrant une apparence de vétusté, le calque s'y trahit en vingt endroits ; 1° par la couleur de l'encre ; 2° par l'absence très remarquable des pleins ; 3° par des déliés inachevés. Mme la comtesse Boni de Castellane aimait beaucoup les autographes, et avec la vivacité d'une femme du monde qui ne craint pas d'être importune, qui sait surtout combien il est difficile de lui refuser quelque chose, elle en demandait à chacun afin d'accroître sa collection. N'est-il pas supposable (et nous espérons pouvoir avant peu confirmer la vérité de cette hypothèse), qu'ayant eu, dans sa société, quelqu'un qui possédait l'original de la lettre dont nous parlons, elle l'aura prié de le lui donner ? Cette personne n'osant se soustraire ostensiblement à cet hommage, aura fait exécuter une copie de cet autographe et l'aura remise à l'aimable solliciteuse, comme si c'eût été la lettre elle-même. Ceci explique comment, lors de la vente de sa collection, Mme de Castellane, qui du reste n'hésita pas un instant à désintéresser Guilbert de Pixérécourt, était entièrement persuadée qu'elle possédait un autographe de Montaigne.

Je retourne à nos coches, comme dit quelque part notre philosophe, et je passe à une troisième lettre dont l'histoire n'est pas moins singulière.

De 1821 à 1823, époque à dater de laquelle les pièces autographes, jusque-là assez peu recherchées, commencèrent à acquérir une certaine valeur, on publia à Paris, en trois volumes in-4°, le bel ouvrage intitulé la *Galerie française*, dans lequel la plupart des articles relatifs à nos hommes célèbres, sont accompagnés d'un *fac-simile* de leur écriture. L'article biographique sur Montaigne, signé de M. Villemain, est suivi, entre autres, d'un *fac simile* assez exact d'une lettre alors inédite de l'auteur des *Essais*.

Afin de faciliter au public la lecture de cette page autographiée, qui ne contient, comme l'original lui-même, ni points, ni virgules, et qui reproduit l'orthographe assez problématique et assez pénible à déchiffrer de Montaigne, l'éditeur de la *Galerie française*, M. Gouget, eut l'idée très simple d'en donner, (il le fit aussi pour bon nombre de ses autres *fac simile*) non *in-extenso* et en regard, comme l'écrit par erreur M. le docteur Payen, mais à la fin de son premier volume, dans une partie intitulée : — *notes*, — une *explication*, ainsi qu'il s'exprime.

Voici la phrase dont M. Gouget fait précéder la copie, en caractères ordinaires, de l'autographe dont il s'agit : — *La lettre suivante est la seule de Montaigne que possède la Bibliothèque royale. Elle fait partie du volume ayant pour titre :* LETTRES FRANÇAISES DE PLUSIEURS GRANDS HOMMES, *et est adressée à M. Dupuy, conseiller du roi en sa cour et parlement de Paris.*

Il ressort évidemment de ce passage, que cette lettre de Montaigne (qui n'était pas la seule, malgré l'assertion Gouget, que possédât la Bibliothèque nationale, mais on le croyait alors) devait faire partie de la collection de manuscrits dite : *Fonds Dupuy*, que possède cet établissement (Voir pour les détails sur cette collection, le travail qui forme la deuxième partie de cet opuscule.) Il est évident que Gouget l'y a vue, que c'est là qu'il l'a prise, — si bien prise et si bien vue, qu'il l'a fac-similée et donnée au public.

Quelques années après, cette pièce avait disparu de la Bibliothèque du roi, et elle se trouvait entre les mains d'un de nos amis, M. Feuillet de Conches, sous-directeur au ministère des affaires étrangères, le plus digne et le plus honnête des hommes, qui a employé une partie de sa fortune, depuis trente ans, à former la plus belle et la plus riche collection d'autographes qui soit à Paris. M. Feuillet de Conches avait reçu cette lettre en présent, de M. Lemontey, membre de l'Académie française, chargé vers la fin de sa vie d'un travail relatif au XVIe siècle, et lorsque Mme Delpech, par un scrupule qui l'honore, ne voulut point admettre dans l'*Iconographie* le *fac-simile* de la lettre arguée de faux, que possédait Mme la comtesse Boni de Castellane, ce fut à M. Feuillet de Conches qu'elle s'adressa pour réparer ce contre-temps, et obtenir de lui communication de quelques lignes qu'on pût reproduire de l'auteur des *Essais*.

M. Feuillet de Conches, avec sa bonté et son obligeance ordinaires, confia le précieux autographe qui lui appartient, à Mme Delpech qui le fit immédiatement *fac-similer*, et il parut dans la livraison 30e de l'*Iconographie*, avec cette inscription au bas : — *Tiré de la collection M. Félix Feuillet.*

Immédiatement après la publication faite par la *Galerie française*, M. Amaury Duval, membre de l'Académie des inscriptions, reproduisit dans le 6e volume de son édition de Montaigne qui parut en 1823, non le *fac-simile*, mais le texte de la lettre donnée par Gouget, en ajoutant dans une note assez ambiguë, que l'original *se voit* à la Bibliothèque du roi ; mais

il ne fit, comme le prouve très bien M. le docteur Payen, aucune vérification à cet égard.

Ce qu'il y a de certain, c'est que ce dernier (je tiens de
sa propre bouche les faits suivants) voulut à l'époque où
il écrivait son intéressante *notice bibliographique* sur Montaigne, notice qui parut en 1837, en tête de l'édition des *Essais*
donnée par Buchon dans le Panthéon littéraire, avoir le cœur
net au sujet de l'attribution faite à la Bibliothèque royale, par
la *Galerie française*, de la lettre qui nous occupe et qui alors
ne s'y trouvait plus depuis longtemps. En conséquence, il se
rendit chez M. Gouget alors assez âgé, et lui demanda si, soit
exprès, (on en verra des exemples dans la dernière partie de
ce travail), soit involontairement et par erreur, il n'avait pas
attribué à la Bibliothèque royale une pièce appartenant à une
collection particulière? — M. Gouget répondit à M. le docteur
Payen, *que ses deux hypothèses étaient complètement inexactes;
qu'à l'époque où parut la* GALERIE FRANÇAISE, *dont il était
chargé de diriger et souvent d'exécuter lui-même les fac-simile,
il avait* VU, TOUCHÉ *et* CALQUÉ DE SA PROPRE MAIN *l'autographe
de Montaigne, dans le volume de la collection Dupuy où il se
trouvait alors, volume qu'il avait indiqué dans les notes du tome
premier de son ouvrage.*

M. le docteur Payen, désireux de pousser les choses jusqu'au
bout, pria M. Gouget de l'accompagner à la Bibliothèque du roi,
afin d'essayer, aidé de son témoignage, de retrouver le manuscrit et de voir si on y reconnaîtrait quelques traces de l'enlèvement de la pièce en question. M. Gouget y consentit. Tous
les deux se rendirent donc au département des manuscrits. En
entrant dans les salles de travail, M. Gouget dit à son honorable compagnon : — « *J'ai parfaitement présentes à la mémoire toutes les circonstances de ma visite de 1821. Je n'ai ni
rêvé ni imaginé. On n'invente pas ces choses-là. Quel intérêt
avais-je à dire que j'empruntais la lettre de Montaigne à la Bi-*

bliothèque du roi, si cela n'eût pas été vrai ?... Tenez, je me vois encore à ce moment-là. Je m'avançai vers un des conservateurs qui était assis à ce bureau, et je lui demandai s'il ne pourrait pas me communiquer un autographe de Montaigne. Ce monsieur échangea, d'un air de satisfaction et en souriant, un coup-d'œil avec un autre employé assis à quelques pas plus loin, comme s'il eût voulu lui dire, (ce fut du moins mon impression) : — Il est heureux que nous en ayons découvert un récemment ; — et il me répondit que dans cinq minutes on répondrait à ma demande. Se levant alors courtoisement, il s'empressa, avec une obligeance dont je lui sus gré, d'aller en personne chercher le volume de Dupuy, et il me le remit entre les mains. Je m'assis à cette même table verte que vous voyez, en ayant soin de me placer à l'un des coins, à cause du jour, et c'est là, à cet angle que j'ai *calqué*, de ma propre main, la lettre de Montaigne. »

En présence de ces affirmations si formelles, il ne pouvait rester aucun doute dans l'esprit de M. le docteur Payen. Il demanda le volume du fonds Dupuy tel qu'il est indiqué dans la note de la *Galerie Française;* mais on ne put le lui donner. Quelques recherches qu'il fit ensuite avec M. Gouget, en s'aidant des deux catalogues de la collection Dupuy, n'amenèrent pas un résultat plus heureux, et les conservateurs auxquels il s'adressa lui affirmèrent que le département des manuscrits *ne possédait absolument rien de Montaigne.*

Malgré cette négation partie d'une source qui semblait ne pouvoir être plus certaine, M. le docteur Payen, fort de l'autorité de M. Gouget, écrivit ce qui suit dans sa *Notice bibliographique* sur Montaigne : « Quant à l'existence de cette lettre au dépôt des manuscrits de la Bibliothèque, j'aurais pu douter de sa réalité, car malgré ma persévérance, cette lettre n'a point été retrouvée, et les catalogues n'en font aucune mention ; mais M. Gouget qui s'est occupé avec tant de zèle et de succès de la recherche et de l'imitation des autographes, et qui est auteur des *fac simile* de la *Galerie française* m'a affirmé avoir *vu*, *touché* et *calqué* lui-même la lettre originale qui fait partie d'un volume relié intitulé : *Lettres françaises de divers grands hommes*. Elle lui fut indiquée par M. Méon et l'abbé de Lépine, qui lui parurent l'avoir nouvellement examinée. Je suis donc convaincu de l'existence de cette pièce sans l'avoir vue, etc.

M. Feuillet de Conches s'émut de ces paroles. Ennuyé d'entendre répéter qu'il était détenteur d'une pièce ayant appartenu, disait-on, à la Bibliothèque du roi et qui, pour en sortir, aurait dû lui être dérobée, il apporta un jour sa précieuse lettre de Montaigne au département des manuscrits. En la remettant entre les mains de MM. les conservateurs, il leur dit : — « Voici une pièce qui m'est advenue de telle façon. Je vous la confie ; faites des recherches. Si réellement elle vous appartient, si elle vous a été dérobée, si vous en trouvez la trace dans vos catalogues, je vous la laisse. Enfin, prouvez-moi votre droit sur elle et à l'instant même je vous autorise à la garder. »

Certes, il était impossible de se montrer plus loyal et d'une plus parfaite bonne foi.

MM. les conservateurs gardèrent la pièce durant un mois. Ce temps écoulé, ils la rendirent à M. Feuillet de Conches en lui disant *que l'affirmation de M. Gouget ne signifiait rien, — qu'ils n'avaient rencontré aucune trace, aucune mention de cette lettre dans leurs catalogues, et que, — toutes recherches faites, — ils pouvaient affirmer que la Bibliothèque du roi n'avait jamais possédé et ne possédait aucun autographe de Montaigne.*

La question en était restée là depuis douze ans, lorsqu'il y a deux mois je découvris l'admirable lettre de l'auteur des *Essais,* qu'on lira plus loin. Cette découverte me fit reve-

nir sur l'histoire de la lettre éditée par la *Galerie Française*,
histoire que je connaissais en bloc, mais dont je résolus, dans
l'intérêt de la vérité, et pour ma propre satisfaction, d'étudier
en détail les différentes péripéties.

Je commençai par recourir à la *Galerie française*. J'y trouvai
d'abord le *fac-simile* de la lettre que possède aujourd'hui
M. Feuillet de Conches ; ensuite l'*explication* de cette lettre,
comme s'exprime Gouget, donnée à la fin de son premier volume, et enfin la *note* dont il fait précéder cette explication, et
que j'ai citée plus haut.

Me rendant alors au département des manuscrits, j'y demandai les deux catalogues *in-folio* de la collection Dupuy, rédi-
gés, l'un par ordre alphabétique de noms et de matières, l'autre par ordre de volumes, selon le numéro que porte chacun de
ces derniers dans la collection.

Mon premier soin fut d'ouvrir le catalogue par ordre alphabétique, à la lettre M, et de chercher à la colonne où il devait
figurer, (si la note de Gouget était exacte), le mot *Montaigne*.
A ma grande surprise, je ne l'y rencontrai pas. Le nom de l'auteur des *Essais* n'est point (en apparence du moins) mentionné
dans ce catalogue.

Je me trouvais dès lors renvoyé à l'inventaire par ordre de
numéros, ce qui, au lieu d'une indication instantanée du volume
manié par Gouget en 1823, que j'espérais puiser immédiatement au mot *Montaigne*, nécessitait une longue et pénible recherche dans un énorme recueil in-folio, de 500 pages, où se trouve
mentionné, plus ou moins exactement, le contenu d'environ
800 volumes.

Je restai un moment effrayé de ce surcroît de besogne et de
la pensée surtout que mes recherches seraient probablement inutiles. En effet, le catalogue par ordre alphabétique, exécuté,
vraisemblablement après et d'après le catalogue par volumes,

n'offrant aucune mention du nom de Montaigne, je devais naturellement croire que je ne rencontrerais pas dans le deuxième
inventaire plus de lumières que dans le premier. Aussi, mû par
le désir de m'épargner quelques heures, et par l'espérance de
recueillir quelques renseignements spéciaux, qui m'éviteraient
peut-être de m'embarquer dans le dépouillement assez long du
catalogue par ordre de volumes, je m'adressai à quelques-uns
de MM. les conservateurs et employés les plus anciens des manuscrits. Nul d'entre eux n'avait jamais vu la lettre de Montaigne dont je recherchais la trace. Ils n'en connaissaient aucune
mention sur un catalogue quelconque, et ils pensaient en conséquence qu'elle n'avait jamais existé à la Bibliothèque.

M. Paulin Paris, mon savant et docte maître, poussa la complaisance jusqu'à faire avec moi quelques recherches dans le catalogue du *supplément français*. Nous n'y trouvâmes d'indiquée,
au nom de Montaigne, que la lettre découverte par M. Macé dans
le tome 61-62 de la collection Dupuy, et dont une mention sommaire fut inscrite, en 1836, sur le catalogue que je viens de
nommer. M. Lacabane, auprès duquel je pris également quelques informations, pour savoir si, à défaut de lettre ou de tout
autre autographe assez considérable, il n'aurait pas, dans ses
recherches au milieu des chartes et des parchemins, rencontré
et mis à part, comme il l'a fait pour un fort grand nombre de
pièces, quelque signature de Montaigne, crut se souvenir qu'en
effet il en existait une; mais il ne l'avait jamais vue, et il m'engagea à m'adresser à M. Hauréau (successeur de M. Champollion), qui me renseignerait complétement là-dessus. Au premier
mot que je lui en dis, M. Hauréau, qui est mon ancien camarade de collége, me répondit qu'en effet le département des manuscrits possédait plusieurs quittances signées *Montaigne*; —
qu'il ne croyait pas qu'elles fussent de l'auteur des *Essais*, mais
de son père; — qu'au reste, si je voulais en juger par moi-
même il allait me les communiquer à l'instant. J'acceptai, et

M. Hauréau, après m'avoir prié d'attendre quelques minutes, s'empressa de m'apporter et de me confier cinq quittances sur parchemin, dont quatre sont signées de Henri de Montaigne, conseiller au parlement de Bordeaux, pour les divers quartiers de ses appointements de l'année 1634. Or, à cette date, notre philosophe était mort depuis quarante-deux ans. L'écriture de Henri de Montaigne n'a d'ailleurs aucune analogie avec la sienne.

Le cinquième parchemin, celui sans doute que M. Hauréau croyait signé, non de l'auteur des *Essais*, mais de son père, l'était au contraire du premier. C'est une quittance libellée en 1567, pour un quart des appointements qu'il touchait en sa qualité de conseiller au parlement de Bordeaux. Cette pièce, contrairement à la lettre de M. Feuillet, à celle de M. Macé, à la nôtre et à toutes celles que M. le docteur Payen rapporte dans ses *Documents inédits*, est signée, au lieu de *Montaigne* tout court, du nom et du prénom de notre philosophe, *Michel de Montaigne* (1). On remarque en outre dans la première ligne l'orthographe exacte du nom que portait primitivement sa famille (originaire d'Angleterre) *Eyguem*, et non *Eyghem, Oyghem, Eyquem*, comme on l'a écrit souvent (2).

Je reviens à mon point de départ.

Ne trouvant aucun éclaircissement auprès des personnes, je dus entreprendre forcément l'examen détaillé du gros volume *in-folio* qui compose le catalogue par ordre de numéros de la collection Dupuy. J'y pris note de plusieurs volumes, dont le

---

(1) Voici quelques passages de cette quittance : — « Je Michel Eyguem de Montaigne, conseillier du Roy en sa court de parlement de Bourdeaulx, et auparavant en la court des généraux, confesse avoir eu et receu comptant... la somme de quatre-vingt-treize livres quinze sols tournois... à moi ordonnée pour le payement de mes gaiges et à cause de mon dict office durant un quartier... et en ai quitté et quitte... par ces présentes signées de ma main... le quatorziesme jour d'octobre, l'an mil cinq cens soixante-sept. »

(2) Voyez plus loin le N° 1 de notre seconde page de *fac simile*.

titre me parut se rapprocher plus ou moins de celui qu'indique la *Galerie française*, sans que pourtant aucun d'eux fût complètement identique avec les paroles de Gouget. C'est ainsi que je demandai les tomes 193-194 (*Lettres de divers grands personnages*);

261-262 (*Lettres escrites du règne de Louis XII sur les affaires de l'Estat*);

263-264 (*Lettres escrites du temps du roi François Ier, touchant les affaires de l'Estat*);

688 (*Epistolæ latinæ, — lettres italiennes, — lettres françaises*);

699 (*Epistolæ clarorum virorum*);

700 (*Lettres françaises de plusieurs grands personnages*);

J'examinai page à page ces différents manuscrits, sans y rencontrer le moindre renseignement, et j'étais sur le point d'abandonner la question qui me paraissait devenir insoluble, lorsque je tombai de nouveau, en parcourant le catalogue, sur la description sommaire du tome 62-63, intitulé : *Lettres de plusieurs grands et autres... ès années 1593, 1594, 1595.* Je n'avais point essayé de voir d'abord ce manuscrit, parce que la lettre autographiée par Gouget étant de 1588, et le catalogue indiquant que ce volume ne contenait que des pièces postérieures même à la mort de Montaigne, cela m'avait paru une recherche inutile. Cette fois, la curiosité et une heureuse inspiration l'emportant, je demandai ce manuscrit. Je le feuilletais à peine depuis un quart d'heure, lorsque je tombai sur la magnifique lettre de trois pages, tout entière autographe et complétement inédite, dont on trouvera plus loin le texte et le *fac-simile*. Les personnes qui s'occupent de ce que j'appellerai l'*archéologie littéraire*, et qui ont eu le bonheur de faire dans leur vie quelque découverte de ce genre, comprendront mon émotion en présence de cette admirable épître, l'une des plus belles comme inspiration et comme forme, qui soit sortie de la plume de notre premier moraliste. On se figurera aisément ma joie : je cherchais, au point de vue de la vérification, dans un but entièrement esthétique et sans autre profit que celui de pouvoir parler de cette question avec exactitude, quelque trace de l'enlèvement d'une pièce connue, imprimée, et heureusement conservée avec un soin pieux par un homme qui joint l'amour de la science au noble culte des souvenirs, lorsque je rencontre tout à coup un *monument* (je n'hésite pas à donner ce nom à la lettre de Montaigne), d'autant plus précieux qu'il avait été jusqu'à présent oublié et perdu !...

Cet incident sur lequel nous reviendrons tout à l'heure, me rendit courage, et j'aurais demandé l'un après l'autre les huit cents volumes de la collection Dupuy, plutôt que de ne pas vider à fond toute question se rattachant aux lettres de Montaigne. Dans les circonstances nouvelles où me plaçait la trouvaille à la fois inespérée et inattendue que je venais de faire, je résolus, malgré les recherches inutiles entreprises avant moi, de reprendre *ab ovo* l'examen de cette affaire; — de relire tout ce qui avait été écrit à son sujet; — de peser, de creuser, pour ainsi dire, chaque expression, afin d'en faire jaillir quelque renseignement, bien convaincu, après ce que m'avait dit peu de jours auparavant M. le docteur Payen, que Gouget n'avait pas inventé la provenance qu'il attribuait dans son ouvrage à la lettre de Montaigne.

Je me rendis donc au département des imprimés le lendemain, et m'étant fait donner la *Galerie Française*, j'y aperçus, non sans un certain tremblement, en parcourant les notes qui terminent le premier volume, un moyen à peu près infaillible d'arriver à la découverte de la vérité, — moyen très simple, que M. le docteur Payen, ni Gouget lui-même qui en était cependant l'inventeur, n'avaient remarqué.

En effet, à la page 281 de ses notes Gouget dit, comme nous l'avons rapporté plus haut (p. 25), que la lettre de Montaigne dont il a publié le *fac simile* et dont il donne l'explication *est la seule que possède la Bibliothèque royale ; — qu'elle fait partie du volume ayant pour titre :* LETTRES FRANÇOISES DE DIVERS GRANDS HOMMES, *et est adressée à* M. Dupuy, *conseiller du roi en la cour et parlement de Paris.* Trois pages plus loin, (p. 284, note 18), il donne le texte d'une lettre de Pasquier, dont le *fac simile* est dans l'intérieur de l'ouvrage, et après ce texte il ajoute : — « Ce qui précède est un fragment d'une lettre écrite à M. Picardet, conseiller du roi et procureur général en Bourgogne. *Elle se trouve à la Bibliothèque au volume déjà cité des Lettres Françoises de divers grands hommes.* »

Or, ce volume se trouvant être celui que Gouget indique comme lui ayant fourni la lettre de Montaigne, il devenait probable, qu'en cherchant le mot *Pasquier* au catalogue par ordre alphabétique, je serais renvoyé au volume, jusque-là resté introuvable, où avait existé, en 1821, la lettre *vue, touchée* et *calquée* par l'éditeur de la *Galerie française.*

Muni de ce puissant moyen de contrôle, je montai au département des manuscrits; je me fis donner le catalogue alphabétique de Dupuy, et l'ayant ouvert j'y cherchai vivement le mot *Pasquier.* Là, je trouvai trois renvois; — un premier qui ne pouvait s'appliquer à notre affaire; — un troisième qui est dans le même cas; mais le deuxième disait : — *Une lettre de Pasquier,* vol. 712.

Je demandai immédiatement ce volume qui est relié avec les tomes 711 et 713, et qui a pour titre : *Lettres de plusieurs grands personnages.* N'y trouvant ni catalogue de tête, ni pagination, ni lettre de Montaigne et de Pasquier, je recourus au deuxième catalogue, qui décrit la collection par ordre de volumes, et, qu'on se figure ma surprise, ou, pour mieux dire, ma stupéfaction, lorsque j'y lus la description suivante : « **N. 712.** LETTRES DE PLUSIEURS PERSONNES DE QUALITÉ : — *Ronsard, Henry Estienne, Coquelay, Dupuy, de Montaigne,* (je crus du moins distinguer ce dernier nom aux trois quarts effacé, sous une large tache d'encre artistement apposée dessus), *Audebert*, *d'Albain*, *Dupuy*, *Dubartas*, *Corbincili*, *Bongars*, *Van de Chas*, *Guillemier*, *Renaut*, *Dolot*, (1) *Jovi du Favo*, *Contius*, Pasquier, *Linguelheim*, *Worneren*, *Th. Béza*, *C. Dumoulin*, *Plantin*, *Vinet*, *Savaron*, *Sponde*, *Dony*, *d'Aviron*, *du Haillan*, *Gueffier*, *Rivet*, etc. — (L'*et cætera* appartient au catalogue comme tout ce qui le précède.)

C'était bien là le volume indiqué par Gouget. J'y retrouvais ensemble les noms de Montaigne et de Pasquier, l'un qui n'est pas porté dans Dupuy au catalogue par ordre alphabétique, du moins à sa place, car nous allons voir qu'il y est inscrit ailleurs ; l'autre qui sur trois indications en offre une applicable uniquement à ce manuscrit. Or, la *Galerie Française* ayant pris ses deux *fac simile* dans le *même volume* qu'elle appelle *Lettres françaises de plusieurs grands hommes*, il n'y avait pas, malgré la légère inexactitude commise par Gouget dans l'énonciation du titre, (inexactitude qui avait été cause que ni lui ni M. le docteur Payen n'avaient pu retrouver ce volume, en 1837), à douter que je n'eusse sous les yeux le manuscrit où avait existé en 1821 la lettre de Montaigne. Je ne tardai pas à m'en convaincre aussi complètement que possible. Comme il faisait très sombre ce jour-là et qu'on voyait à peine clair au bout de la table de travail où j'étais placé, je m'approchai de la fenêtre avec le catalogue en main, et ayant exposé à une lumière plus vive la page où se trouve la description que je viens de transcrire, je lus très distinctement sous la tache d'encre destinée à les cacher à tous les yeux, la plus grande partie des lettres qui composent le nom de Montaigne.

Afin de porter ma conviction dans l'esprit du lecteur, j'ai fait autographier cette tache d'encre et la description du ma-

---

(1) *Sic* au catalogue par ordre de volumes ; mais on verra tout à l'heure que c'est là une erreur, et qu'il s'agit en réalité du célèbre et malheureux imprimeur Etienne Dolet.

nuscrit coté 712, telles qu'on les voit au catalogue par ordre de volumes (1).

Ayant ainsi constaté que le volume qu'avait manié Gouget était bien le N° 712, je passai à l'examen de ce manuscrit qui, chose déplorable, *n'a aucune pagination de feuillets ou même de pièces.* Voici le résultat exact du dépouillement que j'en fis : — 1° les lettres de *Ronsard*, de *Henry Estienne*, de *Coquelay*, de *Dupuy*, de *Montaigne*, MANQUENT. Le volume ne commence qu'à Audebert dont il y a six lettres. Il est très facile de s'apercevoir au premier coup d'œil, qu'on a enlevé tout un cahier qui précédait ces dernières; car on retrouve, au verso du folio de garde, la colle qui tenait la première lettre, (celle de Ronsard), attachée; et au recto de la première lettre d'Audebert on distingue encore quelques petites déchirures qui ont été faites lorsqu'on a arraché le feuillet qui était fixé par la base à ce recto.

Tel est l'ordre des pièces qui restent aujourd'hui dans le volume : six lettres d'Audebert, après lesquelles on a enlevé celle d'Albain, (probablement d'Elbein dont il est question dans le voyage de Montaigne en Italie); deux de Lacoste; une de Lazare Coqueley; trois d'Andrac de Mareul; trois de Castagnet; une de Bongars; une de Dupuy, etc.

D'après le catalogue par volumes, on devrait trouver ici la lettre de *Dubartas.* Elle n'y EST PAS; mais une magnifique coupure qui règne encore dans le manuscrit et qui s'y étale triomphalement comme un témoignage du vol, nous prouve qu'elle y a jadis existé. La lettre de Corbinelli, celle de Dolet, celle de PASQUIER enfin, MANQUENT aussi. Une chose qui me surprend singulièrement, c'est que le voleur ait oublié celle de Théodore de Bèze. Il est vrai que, comme on a pris beaucoup d'autres lettres du même écrivain dans d'autres volumes, ainsi qu'on le verra dans la dernière partie de cette brochure, on

---

(1) Voyez le n° 2 de notre seconde page de *fac-simile.*

n'avait probablement pas besoin de celle-ci qui n'est que signée. Il manque aussi, à moins qu'on ait pris un nom pour un autre au catalogue, une lettre d'un certain Worneren (il y en a une de Vertunen, dans le volume et l'on a peut-être confondu) ; enfin, je dois ajouter qu'il y a dans ce manuscrit bien plus de lettres que n'en signale le catalogue qui du reste n'a pas eu la prétention de les énumérer toutes, puisqu'il a mis un *etc.* ; mais aucune n'est importante comme celles de *Ronsard*, de *Henry Estienne*, de *Montaigne*, de *Dolet*, de *Pasquier*, qui ont été dérobées.

Après m'être livré à ce premier examen du volume N° 712, j'en ai entrepris un second. J'ai voulu comparer les deux catalogues de la collection Dupuy, afin de voir si les noms de Ronsard, de Dubartas, de Henry Estienne, etc., se trouvaient dans le catalogue par ordre alphabétique, et si ce catalogue, à chacun d'eux, me renverrait au N° 712. Si ce catalogue me renvoyait invariablement de chacun des noms que j'ai cités au volume 712, il devenait encore plus évident, par les pièces qui restent, que les pièces absentes ne l'avaient pas toujours été, et la description sommaire du catalogue par numéros, contrôlée ainsi par le catalogue alphabétique, devenait d'une véracité irréfragable. Je voulais en outre m'assurer si, au lieu d'UNE *lettre* de Ronsard, de Henry Estienne, etc., on n'en avait pas enlevé *plusieurs* de chacun de ces personnages. Pour cela, il fallait savoir si le catalogue par matières avait mis, en renvoyant de chacun de ces noms au manuscrit 712, ces mots, je suppose, — *Ronsard*, *Henry Estienne*, etc., *une*, ou bien *plusieurs lettres*.

Cet examen m'a conduit à de singuliers résultats. Par exemple, le catalogue par ordre de noms propres et de matières dit, au nom de Ronsard : « *Lettres de Ronsard*, voy. volume 712. » Il met *Lettres*, avec un S, au pluriel, et non *Lettre* au singulier.

Au mot *Henry Estienne*, il dit également : *Lettres, vol. 712;* au nom de Coquelay (l'autre catalogue dit Coqueley); il met *Lettres* au pluriel; à celui de Claude Dupuy, idem; à celui de Clément Dupuy, idem; à ceux de Dubartas, de Corbinelli, de Bongars (et non *Bongaret*), de Guillaumier (et non Guillemier), de Renaut, de DOLET (et non Dolot), de Lingelshem (et non Linguelheim, comme dit l'autre catalogue), de Th. de Bèze; enfin à tous les noms cités dans la description du catalogue numérique, comme étant dans le n° 712 de Dupuy, le catalogue alphabétique accole le mot *Lettres* au pluriel. Il ne met ce mot au singulier qu'à propos de *Pasquier* et de *Dufaur de Saint-Jory*, (ce dernier est le Jovi da Favo du catalogue par volumes). Pour Pasquier, le rédacteur emploie le singulier évidemment avec intention, afin de *désigner qu'il n'y a qu'une lettre de lui et non plusieurs.* En effet, l'article Pasquier dans le catalogue par ordre alphabétique, est ainsi conçu :

‹ *Lettres d'Estienne Pasquier, v. 633;* (et là il y en a en effet plusieurs). ›

Lettre de Pasquier, v. 712.

Le rédacteur du catalogue, d'ailleurs, est un homme qui connaît la valeur des *mots* et des *lettres;* on peut donc croire que quand il retranche l'S, c'est qu'il n'y a qu'*une pièce;* — que quand il le met, c'est qu'il y a *plusieurs pièces.*

Les noms dont on ne peut rien conclure sont ceux-ci *Vorneren, Vinet.* L'article du premier est ainsi conçu : — *Joannes a Worneren, quædam epistolæ,* vol. 16; vol. 712; — le second (Vinet) porte : — *Lettres françoises de Vinet, v. 490 et 712.*

Pour bien m'assurer que le catalogue par numéros n'avait pas, dans sa courte description, cité des noms au hasard, — que quand il en avait mentionné un certain nombre, c'est qu'il les avait crus plus importants que ceux compris sous la rubrique de son *etc.,* — je voulus vérifier si ces derniers se trouvaient dans le catalogue par ordre alphabétique. J'acquis bientôt la convic-

tion qu'aucun d'eux n'y était, du moins pour le manuscrit 712·
Ainsi *Pithou*, *Vialard*, *Laisné*, de *Versamont*, *Lamartellière*,
de *Chastelet*, ont leurs noms au catalogue alphabétique; mais
pour d'autres pièces que celles contenues dans le volume 712.
Aucun de ces personnages ni des autres individus non cités
dans la description sommaire de ce manuscrit que donne le
catalogue par numéros, n'a son nom dans le catalogue par
matière. C'est ce qui m'explique très bien, comment pour
les lettres découvertes par M. Macé et par moi, le nom de Montaigne ne se rencontre pas au catalogue alphabétique. En effet,
ce dernier ne reproduit que les noms cités dans chacune des
descriptions du catalogue par ordre de numéros, et le nom de
l'auteur des *Essais* ne se trouvant pas dans la courte analyse
que donne ce catalogue des deux volumes qui contiennent
les lettres en question, il me paraissait tout simple que le nom
de Montaigne ne fût point consigné au catalogue alphabétique;
mais je ne m'expliquais pas comment et pourquoi on n'y lisait
point, à la lettre м, le nom de notre philosophe, à propos de
l'autographe de la *Galerie française* pour lequel il est cité dans
la description du volume nº 712, au catalogue par ordre de
numéros. Je me dis qu'il devait y avoir là quelque oubli, ou
plutôt quelque inexactitude, et pour m'en assurer, je me mis à
parcourir très attentivement les pages du catalogue alphabétique qui dans la lettre м devaient précéder et suivre le nom de
Montaigne. Je n'eus pas longtemps à attendre pour mettre le
doigt sur l'erreur. En effet, entre le mot *Montafié* (nom de famille qui nous renvoie au contrat de mariage d'Anne de Montafié), et le mot *Monstreuil* (nom de lieu qui amène l'indication
d'une pièce relative au village de Montreuil, près Paris), se
trouve en marge le mot *Montagu*, auquel répondent les renvois ci-joints :

— MARIAGE MONTAGU, v. 761.

— DE LA CONDAMNATION DU S. DE MONTAGU, 1409, v. 744.

— Lettres de Montagu, v. 712 (1).

Ce dernier chiffre qui m'indiquait justement le manuscrit où avait existé la lettre de la *Galerie française*, m'ouvrit à l'instant les yeux, et comme dans ce volume, pas plus que dans la description qu'en fait le catalogue par ordre de numéros, on ne trouve ni ce nom, ni aucune pièce signée d'un individu qui l'ait porté, il devint évident pour moi que le rédacteur de ce repertoire s'était trompé et qu'il avait inscrit, par inadvertance, la lettre de *Montaigne* au mot Montagu.

Aucun doute ne peut donc aujourd'hui subsister sur la provenance de la lettre éditée par Gouget. Elle a, sans conteste possible, appartenu au volume de Dupuy n° 712. Elle porte même au dos, le mot Puy, écrit de la main de Montaigne, pour faire savoir au secrétaire chargé de l'expédier (2) à qui elle était destinée.

Je demande ici pardon, du plus profond de mon cœur, à mon honorable ami M. Feuillet de Conches, de la vive peine que lui causeront, je le crains, les faits que je viens d'exposer ; mais je ne pouvais les passer sous silence, même au risque de voir M. l'administrateur général de la Bibliothèque du Roi recommencer pour l'autographe de Montaigne un procès analogue à celui qu'il entreprit jadis pour la signature de Molière.

Je reviens maintenant à la lettre de l'auteur des *Essais,* que j'ai moi-même découverte.

Mon premier soin, aussitôt que je l'eus trouvée, fut de la copier aussi exactement que possible, et de faire autographier l'original. On peut voir ce *fac simile,* exécuté par M. Muller, l'un de nos meilleurs artistes en ce genre, à la fin de ce travail.

Voici d'abord le texte de cette magnifique épître ; j'y ajoute

(1) Voyez la reproduction autographiée de ce passage du catalogue alphabétique, au n° 3 de notre 2ᵉ page de *fac-simile.*

(2) L'adresse est ainsi conçue : « A monsieur, monsieur Du Pny, conseiller (*sic*) du roy en sa cour du parlement de Paris, à Xaintes. »

seulement quelques accents et quelques points indispensables
pour la lecture :

Sire,

c'est estre audessus du pois et de la foule de vos grans et importans affaires que de vous sçavoir prester & desmettre aus
petits à leur tour suivant le devoir de vostre authorité royalle
qui vous expose a toute heure a toute sorte et degré d'homes
et d'occupations. toutesfoys ce que vostre maiesté a deigné
considerer mes lettres et y comander responce i'eime mieus le
devoir a la benignité qu'a la vigur de son ame. l'ay de tout temps
regardé en vous cette mesme fortune ou vous estes et vous peut
souvenir que lors mesme qu'il m'en faloit confesser a mon curé
ie ne laissois de voir aucunement de bon euil vos succez. a
présant aveq plus de raison et de liberté ic les embrasse de
pleine affection. Ils vous servent là par effaict mais ils ne vous
servent pas moins icy par reputation. le retentissement porte
autant que le coup. Nous ne saurions tirer de la iustice de vostre cause des argumans si fors a meintenir ou reduire vos subietz
come nous fesons des nouvelles de la prospérité de vos entreprises et puis assurer vostre maiesté que les changemans nou-
veaus qu'elle voit pardeça a son advantage son heureuse issue
de Diepe y a bien a point secondé le franc zelle et merveilleuse
prudance de monsieur le mareschal de Matignon. duquel ie me
fois accroire que vous ne recevés pas iournellement tant de bons
et seignalez service sans vous souvenir de mes assurances et
espérances. l'atans de ce prochein esté non tant les fruits a
ine nourrir come ceus de nostre commune tranquillité et qu'il
passera sur vos affaires aveq mesme tenur de bon heur faisant
evanouir come les precedantes tant de grandes promesses de
quoi vos adverseres nourrisent la volanté de leurs homes.
Les inclinations des peuples se mainent a ondées. si la
pente est une fois prinse a vostre faveur elle l'emportera de

son propre branle (1) jusques au bout. l'eusse bien désiré que
le guein particulier des soldats de vostre armée et le besouin
de les contanter ne vous eut desrobé noméement en cette
ville principale la belle recommandation d'avoir treté vos subietz
mutins en pleine victoire aveq plus de solagement que ne font
leurs protecturs & qu'à la differance d'un credit passagier et
usurpé vous eussiés montré qu'ils estoint vostres par une protection paternelle et vraiement royalle. A conduire tels affaires
que ceus vous avés en main il se faut servir de voies non
communes. Si s'est-il tousjours veu qu'on les conquestes par
leur grandur et difficulté ne se pouvoint bonemant parfaire
par armes et par force. elles ont esté parfaictes par clemance
et magnificence, excellans leurres a attirer les homes, spécialement vers le iuste et legitime parti. S'il y eschoit rigur et
chastiement il doit estre remis après la possession de la
maistrise. Vn grand conquerur du temp passé se vante d'avoir
doné autant d'occasion a ses enemis subjuguez de l'eimer qu'a
ses amis. Et icy nous sentons desia quelqu'effaict de bon prognostique de l'impression que reçoivent vos villes desvoiées par
la comparaison de leur rude tretement a celluy des villes qui
sont sous vostre obéissance. Désirant a vostre maiesté une félicité plus presante et moins hasardeuse et qu'elle soit plustost
cherie que creinte de ses peuples et tenant son bien necessai-
rement ataché (2) au leur je me réiouis que ce mesme avan-
cement qu'elle faict vers la victoire l'avance aussi vers des
conditions de paix plus faciles. Sire vostre lettre du dernier de
novambre n'est venue a moi qu'asture (3) et audela du terme qu'il

(1) Nous retrouvons cette expression dans les *Essais*, liv. 3, ch. 9 : « *qui se
nourrit et s'exaspère de son propre bransle.* »

(2) Le c manque à l'original.

(3) Montaigne affectionne particulièrement ce mot qu'il écrit aussi *asteure*. Il
l'emploie fréquemment : « Nous sommes *asture* aux milles d'italie ; 1er vol. de
son voyage ; — ils disent que Socrates juroit le chien ; Zénon cette même interjec-
tion qui sert *asture* aux Italiens, *cappari* (câprier); *Essais*, liv. III, ch. 5; — Moy,
asture, et moy, tantost, sommes bien deux; *Essais*, liv. III, ch. 9, etc.

vous plaisoit me prescrire de vostre séiour a Tours. Je reçois à
grace singulière qu'ell' aie deigné me faire sentir qu'elle pran-
deroit à gré de me voir, personne si inutile mais siene plus par
affection encore que par devoir. Ell' a très louablement rangé
ses formes externes a la hautur de sa nouvelle fortune, mais
la débonaireté & facilité de ses humeurs internes elle faict autant louablemant de ne les changer. Il luy a pleu avoir respet
non sulement a mon eage mais a mon désir aussi de m'apeler
en lieu ou elle fut un peu en repos de ses laborieuses agitations. Sera ce pas bientost à Paris, Sire, et y ara il moiens ni
santé que ie n'estande pour m'y randre.

votre tres hũmble &

tres obeissāt serviteur et

subiet.

MŌTAIGNE.

de montaigne, le 18 de janv.

Au dos, il y a d'une main étrangère : « AU ROY, » et d'une
écriture postérieure : « *XVIII janvier 1590.* »

Cette lettre nécessite quelques réflexions spéciales. En premier lieu, nous voyóns qu'elle est adressée au roy, sans aucune désignation du lieu où elle devra lui être remise. Henri IV,
en effet, avait bien été proclamé roi de France, le 2 août 1589,
jour de l'assassinat de Henri III; mais six jours après il avait
été obligé de lever le siége de Paris, faute d'argent, de muni-
tions, de troupes, et de se retirer en Normandie, ignorant où il
s'arrêterait, ne sachant même trop s'il ne serait point contraint
de se sauver en Angleterre ou à la Rochelle. Depuis, par sa
sagesse et sa valeur, les affaires avaient considérablement
changé à son avantage. Ce prince qu'au commencement de
septembre, *plusieurs de Paris*, dit Lestoile, *croyoient déjà pri-
sonnier et qu'ils avoient arré des chambres et places pour voir*

passer quand on l'améneroit lié et garotté, non seulement avait réussi à sortir de Dieppe (1), où il était acculé ; mais encore, vers la fin d'octobre, après avoir battu les nombreuses troupes du duc de Mayenne, il paraissait de nouveau devant Paris et logeait son armée à Gentilly, Montrouge, Vaugirard, au grand ébahissement *de ce sot peuple pippé et persuadé d'ailleurs.*

Malgre cela, sa royauté était un peu vagabonde, et Montaigne qui lui écrivait de loin, ne pouvait savoir où sa lettre le rencontrerait (2).

Quant au vœu que forme notre philosophe à la fin de sa missive de voir le roi dans la capitale, il n'était pas encore, à beaucoup près, sur le point de se réaliser. (3) Le maréchal de Matignon, lieutenant-général de la Guienne depuis 1585 et qui, bien qu'ayant battu le roi de Navarre en 1588, à Nérac, avait été néanmoins l'un des premiers à le reconnaître pour roi de France, après la mort de Henri III, eut le bonheur, à la tête des Suisses, d'entrer avec ce prince dans Paris ; mais notre philosophe n'eut point, lui, la consolation d'assister au triomphe de Henri IV, et du 12 septembre 1592, jour de sa mort au château de Montaigne, jusques au 22 mars 1594, où les Parisiens *affamés de voir un roi,* purent enfin en contempler un entrant dans Notre-Dame, il s'écoula encore, pour le malheur de la France livrée aux Napolitains, aux Espagnols, aux factieux, un temps bien long.

Maintenant, se mêlait-il au souhait qu'exprime Montaigne

(1) C'est ce que Montaigne appelle *son heureuse issue de Diepe.*

(2) Le 18 janvier, jour où Montaigne écrivait à Henri IV, ce prince était à Lisieux qu'il venait de prendre ; le 25, il était au camp de Honfleur ; le 30 au camp de Bernay ; le 4 février, au camp de Jouy-la-Chaussée ; le 12, à Gaillon ; le 17, à Thoiry ; le 25, à Clères ; le 28, à Anet, etc.

(3) Beaucoup de gens cependant, et Henri IV lui-même, ne croyaient pas à une bien longue résistance de la part de la ligue. On peut voir dans le tomme III, des lettres de Henri IV, éditées par M. Berger de Xivrey, p. 82, un charmant billet écrit par ce prince, vers le 20 novembre 1589, à Mme la comtesse de Grammont, à la fin duquel il dit : « *Je pense vous pouvoir asseurer que dès la fin de janvier je seray dans Paris.* Cette espérance fut cruellement déçue.

quelque arrière-pensée d'avantages personnels ? je l'ignore ;
mais comme il avait été très bien avec Henri IV lorsque ce prince
n'était encore que roi de Navarre, il serait possible (malgré son
détachement des honneurs et de l'ambition sur lequel il revient à
chaque instant dans ses *Essais*) qu'il eût accepté volontiers quelque charge à Paris, non point tant peut-être par intérêt que parce
qu'il aimait beaucoup la capitale. Il y avait passé une partie de sa
jeunesse ; ses fonctions de gentilhomme de la chambre du Roi
l'avaient appelé souvent à la cour ; il était revenu à Paris deux
ans avant la date de sa lettre, pour y faire imprimer la 5e édition de ses *Essais*, et il fait connaître ainsi, livre III, chapitre 9
de ce livre, sa passion pour cette ville : « Je ne veulx pas ou-
blier cecy, que je ne me mutine jamais tant contre la France,
que je ne regarde Paris de bon œil : elle a mon cœur dez mon
enfance ; et m'en est advenu, comme des choses excellentes.
Plus j'ay veu, depuis, d'autres villes belles, plus la beauté de
cette cy peult et gaigne sur mon affection : je l'aime par elle
mesme, et plus en son estre seul que rechargée de pompe estran-
gière : je l'aime tendrement, jusques à ses verrues et ses taches : je ne suis François que par cette cité grande en peuples,
grande en félicité de son assiette ; mais surtout grande et incom-
parable en variété et diversité de commoditez, la gloire de la
France et l'un des plus nobles ornements du monde. Dieu en
chasse loing nos divisions !... Tant qu'elle durera, je n'auray
faulte de retraicte où rendre mes abbois. »

Je n'ai pas besoin de faire ressortir les admirables sentiments
que Montaigne énonce dans sa lettre. Cet appel à la clémence,
à la générosité d'Henri IV, prouve que l'auteur des *Essais, en
ce peu qu'il avait eu a négocier entre nos princes*, ainsi qu'il
s'exprime en son 3e livre, chapitre 1er, avait su apprécier la
grande âme du Béarnais, et qu'il s'entendait beaucoup plus à
la politique, qu'il ne lui a convenu de le faire paraître.

Quant à l'autographe en lui-même, comme on peut s'en assurer par notre *fac-simile*, il est superbe ; l'écriture en est belle, nette, facile à lire ; et à la voir, on serait tenté de croire que Montaigne s'est calomnié, lorsqu'en parlant de ses lettres missives il dit dans ses *Essais* (liv. 1 ch. 39) : *Quoique je peigne insupportablement mal, j'aime mieux écrire de ma main que d'y employer un autre ;* et ailleurs (liv. 2, ch. 17); — *Les mains, je les ai si gourdes, que je ne sais pas écrire seulement pour moi, de façon que ce que j'ai barbouillé, j'aime mieux le refaire que de me donner la peine de le desmêler;* » mais, sans doute, comme il écrivait au roi, notre philosophe s'est appliqué à tracer une belle page.

La preuve en est encore dans ce fait, que cette pièce contient quelques capitales et quelques traces de ponctuation de plus que les autres lettres de Montaigne, bien qu'il avoue franchement dans ses *Essais,* liv. 3 ch. IV, son ignorance en ces matières. « Ne te prens point à moy, lecteur, dit-il, des faultes qui se coulent icy par la fantaisie ou inadvertence d'aultruy; chaque main, chaque ouvrier y apporte les siennes ; je ne mesle ny d'ortographe (et ordonne seulement qu'ils suyvent l'ancienne) ny de la ponctuation; je suis peu expert en l'une et en l'autre. Où ils rompent du tout le sens je m'en donne peu de peine, car au moins ils me déchargent; mais où ils en substituent un fauls, comme ils font si souvent, et me destournent à leur conception, ils me ruynent. »

La lettre de Montaigne est écrite sur un papier vergé, très solide, doré sur tranches de trois côtés. Elle n'offre pas, comme quelques unes de ses autres missives, une croix en tête, selon l'usage du temps.

Il y aurait encore à faire diverses observations de détails sur quelques passages de la lettre de Montaigne. Par exemple celui où notre philosophe dit au roi : « *Il vous peut souvenir que* « *lors mesme qu'il m'en faloit confesser à mon curé, je ne laissois* « *de voir aucunement de bon œil vos succez ,* » — me semble

indiquer que Montaigne, qui connaissait bien Henri IV, pré-
voyait à plusieurs années de distance son abjuration ; qu'il la
regardait comme une chose inévitable et en quelque sorte con-
clue, du moment où ce prince était parvenu au trône. De Thou,
en effet, rapporte dans la vie de Montaigne, que ce dernier,
durant les négociations qu'il avait entreprises pour rapprocher
le duc de Guise et Henri IV, alors roi de Navarre, avait si bien
démêlé leurs dispositions personnelles « *qu'il lui disait que le*
« *roi de Navarre était tont prêt de revenir à la religion de ses*
« *pères, s'il n'eût pas craint d'être abandonné de son parti.* »

Ces dispositions durent singulièrement s'augmenter une fois
que le Béarnais fut parvenu au trône de France, et qu'il commença à s'apercevoir *que Paris valait bien une messe.* Aussi
le voyons-nous à chaque instant s'entretenir à ce sujet avec
ses intimes et spécialement avec Sully qui, bien qu'à regret,
puisqu'il était lui même protestant, lui dit *qu'il voit bien que le*
changement de religion c'est chose qu'il lui faudra faire. Il appuie
même ces paroles, (voir ŒCONOMIES ROYALES, page **109** (édit.
Michaud), d'assez singulières raisons. — Quelque droit, dit-il,
que vous ayez au royaume, et besoin qu'il aye de vostre
courage et vertu pour son restablissement, si m'a-il tousjours semblé que vous ne parviendrez jamais à l'entière possession et paisible jouissance d'iceluy que par deux seuls expé-
diens et moyens : par le premier desquels, qui est la force et
les armes, il vous faudra user de fortes résolutions, severitez,
rigueurs et violences, qui sont toutes procédures entièrement
contraires à vostre humeur et inclination ; et vous faudra passer
par un milliasse de difficultez, fatigues, peines, ennuis, périls et
travaux ; avoir continuellement le cul sur la selle, le halecret sur
le dos, le casque en la teste, le pistolet au poing et l'espée à
la main ; mais qui plus est, dire : —adieu repos, plaisirs, passe-
temps, amours, maistresses, jeux, chiens, oyseaux et bastiments ;
au lieu que par l'autre voye, vous ne rencontrerez pas tant

d'ennuis, peines et difficultez en ce monde ; mais pour l'autre, je ne vous en réponds pas. »

Enfin j'aurais encore une remarque à faire sur un autre passage de la lettre de Montaigne. C'est celui où il dit au roi *que sa lettre du dernier novembre ne lui est arrivée qu'au delà du terme, qu'il lui prescrivait de son séjour à Tours.* Il y a là en effet quelque chose qui ne se comprend pas bien.

Entré à Tours, (devenu, en quelque sorte, depuis la journée des barricades, le siège du gouvernement royal), le 21 novembre, le roi en partit le 25 pour aller faire le siège du Mans. Comment donc aurait-il écrit de Tours le dernier novembre ? En outre, d'après sa correspondance, nous le voyons le 27 novembre à Escoumois, le 5 décembre devant le Mans, le 10 à Laval, le 18 au camp d'Alençon, le 30 au camp de Sées, et durant tout le mois de janvier il est successivement à Falaise, Lisieux, Honfleur. Montaigne ne se serait-il point trompé ? n'aurait-il pas écrit novembre pour octobre ? et le terme que le roi lui aurait prescrit de son séjour à Tours, séjour qu'en ce cas on pourrait penser avoir été abrégé par les circonstances, n'aurait-il pas été précisément la fin de novembre ?... Le court voyage que Henri IV fit à Tours (du 21 au 25 novembre), fut en effet très important, et très solennel, et ce prince dut tenir à le rendre pompeux et remarquable.

Le lendemain de son arrivée il donna audience publique à l'ambassadeur de la seigneurie de Venise, la première puissance catholique qui le reconnut ; il tint ensuite une séance royale au parlement, et saisit cette compagnie de la requête, que, le 8 novembre, la reine veuve de Henri III lui avait envoyée à Etampes, par un gentilhomme, pour le prier de faire justice de l'assassinat de son mari. Aussi, n'y aurait–il rien d'étonnant à ce que Henri IV eût voulu être entouré à Tours du plus grand nombre des gens qu'il affectionnait particulièrement, et dont il tenait les conseils en grande estime. Or, ce prince était trop bon politique pour ne pas apprécier à sa valeur un homme comme Montaigne, alors en grande réputation par le succès qu'on pourrait appeler populaire de ses *Essais*, et dont il connaissait au reste de longue main la franchise et l'habileté.

C'est là tout ce que nous dirons sur cette lettre.

EXAMEN

D'UN CERTAIN NOMBRE DE MANUSCRITS

APPARTENANT A DIFFÉRENTS FONDS

DE

LA BIBLIOTHÈQUE NATIONALE

AVEC L'INDICATION DES MUTILATIONS QU'ILS ONT SUBIES,

———————

J'ai déja dit, dans l'avertissement qui précède, ce qui a donné lieu à ces investigations. Je n'y reviendrai pas ; je répéterai seulement que des travaux d'un autre genre m'ayant conduit, il y a deux mois, à la Bibliothèque nationale, j'en ai profité pour entreprendre quelques recherches, déjà commencées et interrompues bien souvent, sur les épistolographes français. Dans ce but j'ai parcouru d'abord le fonds Dupuy.

Cette immense collection formée au XVIᵉ et au XVIIᵉ siècle, par les frères Dupuy, gardes de la Bibliothèque du roi, se compose de sept cent soixante-dix-sept volumes in-folio, plus vingt-et-un in-4°, et renferme une foule innombrable de pièces originales du plus haut intérêt.

On conçoit que j'eusse le désir d'étudier une collection si importante et généralement si peu connue.

La première chose que j'avais à faire était d'examiner d'abord par quels fils conducteurs on pouvait se guider dans le labyrinthe de cette collection. Or, il existe pour le fonds Dupuy, 1° : Un ancien catalogue qui décrit la collection, volume par volume ; (ce catalogue se compose d'un volume in-folio) ;

2° : Un autre catalogue alphabétique, par matières et par *noms d'auteurs;* (également en un volume in-folio). En apparence, il y avait donc facilité pour mon travail. Malheureusement ces deux catalogues, d'une écrituredu XVIIᵉ siècle, sont souvent incomplets et ne donnent que des indications sommaires.

Le premier dit, par exemple : « Nᵒˢ 64-65 (deux tomes reliés en un seul volume). Lettres de Pomponne. » Pas un mot de plus. Ou bien : « Nᵒˢ 170-171 (deux tomes en un seul volume). Lettres de MM. de Bellièvre, etc. » Ce catalogue emploie assez souvent cette formule, ou toute autre du même genre, sans donner aucune description, sans indiquer le nombre des pièces, sans signaler quelqu'une de ces circonstances qui permettent de faire un récollement, et de s'assurer de l'identité d'une pièce qui aurait pu appartenir à un volume de la collection. Tout ce que ce catalogue peut nous faire connaître, c'est qu'au moment où il a été rédigé, il existait dans tel volume des lettres de Rubens; dans tel autre, des lettres de Sully, et ainsi de suite; mais, je le répète, rien n'indique ni le nombre des pièces, ni leur date, ni leur sujet, ni aucune des particularités propres à constater que tel recueil a ou n'a pas éprouvé des pertes depuis le moment de la rédaction du catalogue, à moins que toutes les pièces indiquées sous un seul titre ou sous un seul nom n'aient disparu. Dans ce cas, le catalogue offre un moyen très simple de contrôle et de comparaison qui nous a été fort utile, comme on le verra plus loin.

Le Catalogue par ordre alphabétique est fort imparfait aussi. Il ne contient ni la date, ni le nombre des pièces, et il renvoie purement et simplement au volume où doit se trouver le document relevant à un titre quelconque de tel ou tel nom. Ce second catalogue ne peut servir, comme le premier, que par ce qu'il *désigne;* mais, nous le démontrerons surabondamment, l'absence d'un nom ne prouve nullement qu'il faille renoncer à chercher dans la collection Dupuy, des lettres autographes, des pièces très précieuses même, qui ne seraient portées sur aucun des deux catalogues que je viens de mentionner.

Outre ces deux catalogues, on avait eu l'intention, à l'époque où

M. Guizot obtint des chambres l'argent nécessaire à l'organisation
des travaux historiques, d'en faire exécuter un troisième par cartes,
qui eût été, comme pour le fonds Colbert, le dépouillement fait pièce
à pièce de toute la collection Dupuy ; mais le temps a manqué jusqu'à
présent, m'a-t-on dit à la Bibliothèque, pour réaliser cette idée cependant si importante, et dont l'urgence sera démontrée par mon
travail.

Enfin le catalogue alphabétique en plusieurs volumes, dit *Catalogue
du supplément français*, rédigé par MM. Méon, Audiffret et Paulin
Paris qui y a ajouté, d'après les manuscrits originaux, une foule
d'indications que ses devanciers, qui ne travaillaient que sur d'anciens catalogues fort inexacts, n'y avaient pu inscrire, mentionne çà
et là quelques pièces appartenant à la collection Dupuy. Mais ce
catalogue, nécessairement très incomplet, ne peut servir qu'à faire
des constatations très restreintes.

Disons encore qu'un assez bon nombre des volumes de Dupuy
portent, comme d'autres recueils d'autographes qui se trouvent à la
Bibliothèque nationale, un catalogue manuscrit en tête de chaque
volume, où les pièces (les plus importantes du moins), sont indiquées selon l'ordre dans lequel elles sont ou étaient disposées à l'intérieur des volumes. Ces petits catalogues sont très instructifs et je les
ai lus avec attention toutes les fois que je les ai trouvés existants. Malheureusement ces catalogues *préliminaires*, écrits sur des feuillets
de garde, ont été souvent arrachés ou mutilés. Quelquefois le nom
d'un ou de plusieurs auteurs de lettres autographes a été effacé. On
verra que ces grattages, que ces taches d'encre (1), que ces noms
si artistement barrés qu'on rencontre assez fréquemment dans plusieurs
de ces *catalogues de tête*, ainsi que dans quelques inventaires de la
Bibliothèque royale, n'ont eu d'autre objet que de cacher la disparition des pièces qu'on enlevait.

Il va sans dire que j'ai dû m'aider aussi dans certains cas des ca-

(1) Voyez le catalogue Dupuy *par volumes* au nº 712 et les manuscrits 8584 et
8549 de l'ancien fonds latin de la Bibliothèque Nationale, manuscrits dont il sera
question plus loin.

talogues imprimés, ainsi que de divers ouvrages publiés à différentes
époques et dans lesquels il est question de pièces autographes exis-
tant à la Bibliothèque nationale. Parmi ces ouvrages je dois citer particulièrement deux recueils de *fac-simile* bien connus des amateurs,
l'*Isographie* et la *Galerie française* (1) que j'ai consultés tous les
deux avec fruit.

Bien que je n'aie pas l'intention de m'occuper des pertes éprouvées par le département des imprimés de la Bibliothèque nationale,
je ne saurais m'empêcher de mentionner à mesure que l'occasion
s'en présentera, quelques faits récents dont j'ai eu une connaissance personnelle. Je dirai donc qu'ayant demandé aux premiers
jours du mois d'octobre dernier, immédiatement après les vacances,
l'*Isographie* à la Bibliothèque nationale, l'employé auquel je m'a-
dressai avec un bulletin de M. Pilon, conservateur-adjoint, chercha
vainement dans vingt rayons. Après être monté dix fois à l'échelle et
avoir interrogé deux de ses collègues, il me déclara qu'il ne trouvait
pas cet ouvrage, ajoutant qu'au surplus il n'en avait jamais eu que
deux volumes. Il m'engagea alors à demander à M. Magnin l'exemplaire de la *Réserve*, ce que je fis. M. Magnin eut la bonté de me le
remettre, et je pus remarquer que dans cet exemplaire, qui est sur
grand papier, le quatrième volume est sur *petit papier*. Quelques
jours plus tard, l'exemplaire de la salle de lecture, en papier ordi-
naire, fut retrouvé. Il se compose de trois volumes réliés en deux,
mais le quatrième volume manque. Ainsi sur les deux exemplaires
de cet ouvrage de prix que possède la Bibliothèque nationale, l'un
est incomplet, et dans l'autre il y a un défaut grave.

Avant de commencer l'examen détaillé des volumes composant la
collection Dupuy pour signaler quelques-unes des mutilations qu'ils
ont éprouvées, je crois devoir faire quelques remarques prélimi-

(1) *Isographie* des hommes célèbres ou collection de *fac-simile* de lettres autographes dont les originaux se trouvent à la Bibliothèque du roi et dans les
collections particulières (publiée sous la direction de M. Duchesne aîné). *Paris,
Didot*, 1827-30, 3 vol. in-4o, plus un volume de supplément publié postérieurement par d'autres éditeurs. — *Galerie française* ou collection de portraits (et de
fac-simile), *Paris, Lefort*, 1821-23, 3 vol. in-4.

naires. Cette collection précieuse est entrée à la Bibliothèque en 1657, et elle est restée *plus de cent cinquante ans* en *paquets ficelés*, sans être ni reliée, ni cataloguée à nouveau et en détail (nous l'avons vu plus haut en parlant des anciens catalogues), ni même estampillée. Cette masse énorme de *paquets ficelés*, qui contenait de si grandes ri-chesses et qu'on laissait dans un abandon si absolu, a-t-elle traversé sans éprouver de grandes pertes un si long espace de temps ? N'a-t-elle pas été fouillée et secrètement mutilée, à l'époque, par exemple, où l'on vit un écrivain qui a été toute sa vie bibliothécaire, AMEILHON, se vanter dans sa correspondance officielle d'avoir fait enlever et arra-cher des collections de la Bibliothèque nationale, qu'on mutilait exprès, *la valeur de six cent cinquante-deux volumes, cartons et boîtes* (1) remplis de toutes sortes de documents, pour les livrer aux flammes en pleine place Vendôme à Paris. C'est comme cela que les collections de la Bibliothèque nationale étaient sauvegardées en 1793. — Savoir tout ce qui a été enlevé et déchiré (2) à cette épo-que sous prétexte d'*aristocratie* est chose impossible. Dans un écrit rempli de faits curieux, mon savant ami, M. Paulin-Paris, membre

(1) Voyez l'article *Ameilhon* dans le *Supplément de la Biographie Universelle*. Cet article a été rédigé par M. Villenave, qui possédait les originaux.

(2) Les *auto da fe* de ce genre ont toujours été fort incomplets et ont donné lieu à des soustractions. Je choisis un seul fait entre mille que je pourrais citer. A la mort du marquis de Sade, de triste mémoire, Napoléon ordonna que tous les manuscrits laissés par cet écrivain trop célèbre fussent à l'instant livrés aux flammes. Un procès-verbal régulier constata que cette mesure qu'on pourrait appeler de *sûreté publique*, avait reçu son exécution ; mais tous les bibliophiles savent qu'une vingtaine d'années plus tard, les compositions les plus immorales, les plus licencieuses de M. de Sade, écrites de sa propre main, celles-là mêmes dont le procès-verbal constatait la destruction, commencèrent à arriver à Paris une à une. Plusieurs de ces autographes furent achetés à grand prix (singulier choix) par la Bibliothèque royale, où plusieurs personnes les ont vus, mais d'où ils ont disparu, à ce qu'on affirme (du moins les principaux).

On assure même que la Bibliothèque oubliant sa fameuse doctrine que tout ce qu'elle possède est *inaliénable*, les a rendus à la famille de l'auteur de *Jus-tine* et de *Juliette*. Quant à la manière dont ces manuscrits sont sortis des flam-mes qui devaient les anéantir, des personnes bien informées prétendent que c'est le fonctionnaire même qui a dressé le procès-verbal de leur destruction qui s'em-para de tous ces papiers, et les emporta avec lui à l'étranger, d'où ils sont revenus en France pour être vendus !...

de l'Institut et conservateur à la Bibliothèque nationale, a déjà déclaré qu'une partie des employés n'offraient aucune garantie à cette époque, et que la mauvaise composition de ce personnel avait dû contribuer beaucoup au dépouillement de la Bibliothèque nationale et à la disparition d'un nombre immense de volumes (1).

Quoi qu'il en soit, les manuscrits trop négligés de Dupuy commençaient peu à peu à se déficeler ; mais, après cent soixante-dix ans environ, on s'aperçut un matin qu'ils se déficelaient trop. Que fit-on alors ? Sans inventaires détaillés, — sans contrôle, — sans prendre aucune précaution, on remit en bloc, ou par fortes parties du moins, cette masse énorme de papiers (cela forme actuellement sept cent quatre-vingt-dix-huit volumes, dont souvent plusieurs ont été réunis en un seul), à un relieur ; c'est-à-dire qu'on envoya cette collection précieuse de l'autre côté de la rivière, dans un atelier où elle dut rester nécessairement plusieurs mois, amoncelée par terre, comme l'ont dit des témoins oculaires, et à la disposition non seulement des ouvriers, mais du premier gamin venu, qui ont pu y prendre ce qu'ils ont voulu pour le vendre, soit au poids, soit autrement, aux épiciers bien connus des amateurs, qui font, dans le quartier latin, le commerce des vieux papiers. En rentrant à la Bibliothèque royale, la collection Dupuy fut-elle du moins soumise à un examen qui pût démontrer que rien n'en avait été distrait et que le relieur avait rempli exactement la mission qui lui avait été confiée ? Evidemment non ; cela serait facile à prouver par l'état actuel des volumes. Comment donc et pourquoi les amateurs d'autographes eussent-ils été plus chatouilleux à l'endroit de la Bibliothèque que celle-ci ne l'était à l'égard de ses propres collections ? Quoi qu'il en soit, il existe dans Paris un amateur fort connu qui possède, dit-on, un des volumes d'autographes de Dupuy, qu'il a acheté sans trop savoir ce que c'était. Un autre recueil, que je puis indiquer plus clairement, c'est le manuscrit composé originairement

(1) M. P. Paris s'exprime ainsi : « Quelle sécurité pouvait offrir le corps des « employés subalternes etc. ? » (De la Bibliothèque Royale, par Paulin Paris, membre de l'Institut, etc. Paris, 1847, 2e édition, pages 11 et 12.

de deux volumes portant les n°s 120-121, qui, au catalogue par ordre
de volumes, est intitulé :

« *Originaux de plusieurs lettres italiennes des rois et princes à*
« *madame de Savoie, 1563.* »

Ce volume, *porté* au catalogue, et qui devait contenir des lettres
précieuses, a complétement disparu, sans que personne s'en soit occupé ni formalisé. Lorsqu'on le demande à la Bibliothèque, on vous
répond qu'il *n'est pas en place*, ou bien *qu'on ne l'a pas;* puis tout
est dit.

Afin de prouver que lorsque la collection Dupuy est revenue de
chez le relieur on n'a rien fait pour s'assurer de son intégrité, je pourrais citer une multitude de faits que l'examen du fonds Dupuy m'a
fait découvrir; je me bornerai à deux.

Le volume 371 de cette collection, décrit avec assez de détails au
catalogue, n'a pu m'être donné. Il n'a pas été trouvé, malgré mes demandes répétées, et on le considère à la Bibliothèque comme perdu.
L'habile employé (M. Claude) qui est chargé plus spécialement de
répondre à ces questions, m'a même déclaré, après avoir consulté les
registres et répertoires, que ce volume *n'était jamais entré à la Bibliothèque nationale.* Or, c'est là un fait très grave et qui montre mieux
que tout autre quel est l'état dans lequel se trouve cet établissement.
Non seulement le volume *est entré à la Bibliothèque*, mais il y est
actuellement, et je sais la place qu'il y occupe; je défie M. l'administrateur de la découvrir.

Les pertes immenses, les mutilations scandaleuses qu'a éprouvées la
collection Dupuy, sont-elles anciennes ou modernes? — C'est une
question dont l'administration qui ne connaît pas ces mutilations ou
qui du moins n'en parle pas, paraît fort peu se préoccuper. Cependant c'est là, ce me semble, ce qu'il faudrait chercher d'abord pour
ne pas s'exposer à jeter des soupçons injurieux sur des personnes qui
se trouveraient aujourd'hui en possession de pièces sorties irrégulièrement de la Bibliothèque. Je ne parle pas des ventes anciennes et
nombreuses, ni des échanges faits par cet établissement; mais enfin
il y a longtemps qu'on *vole* à la Bibliothèque nationale, et le produit
de ces vols a dû avoir souvent de bien singuliers destins. *Habent sua*

fata libelli. En voici un exemple des plus curieux. Il y a environ cent quarante ans que l'ex curé Aymon mutila les plus précieux manuscrits de cette Bibliothèque, en déroba d'autres, et s'en alla en Hollande offrir à qui voulait l'acheter, le fruit de ces honteux larcins.

Plusieurs des fragments qu'il avait ainsi enlevés passèrent en Angleterre et entrèrent dans la collection du comte Harley, qui, en véritable *gentleman*, rendit généreusement à la Bibliothèque Royale ceux qui lui étaient signalés comme provenant de cet établissement.

D'autres, en bien plus grand nombre, dont il ignorait l'origine, restèrent dans sa collection et passèrent au *British Museum* où ils forment aujourd'hui plusieurs volumes que tous les amateurs ont pu y parcourir comme moi. Parmi eux on admire, entre autres choses, treize feuillets remplis de miniatures et d'anciens ornements, qui auraient été arrachés par Aymon de la célèbre Bible de Charles-le-Chauve, appartenant à la Bibliothèque nationale.

Disons en passant qu'on est bien loin de connaître à la Bibliothèque tout ce qu'Aymon a enlevé. Ce qui prouve l'ignorance dans laquelle on est à cet égard, c'est que malgré les treize feuillets enlevés par lui à la bible de Charles-le-Chauve, ainsi que le constate le catalogue imprimé, malgré tant d'autres fragments dérobés également par le même et qui sont hors de France, l'un des employés au département des manuscrits a déclaré dans un article développé qui se trouve au *Dictionnaire de la conversation* (voyez tom. VI, page 100), que ce qu'Aymon avait enlevé en 1707, a été à peu près réintégré à la Bibliothèque Royale!... La généreuse restitution faite par lord Harley fut constatée officiellement par une mention insérée au catalogue des manuscrits grecs de la Bibliothèque royale (publié en 1740) à propos de 35 feuillets arrachés par Aymon au célèbre manuscrit grec qui porte le n° 107, et qui est le plus ancien de ceux que possède la Bibliothèque Nationale. Les 35 feuillets arrachés à ce volume furent donc rendus par lord Harley. Nous verrons plus loin ce qu'a pu en faire la Bibliothèque et comment elle a su les garder.

Après Aymon enregistrons, par ordre de dates, les *vingt mille volumes volés depuis un siècle* à la Bibliothèque Nationale. Cette assertion n'est pas de moi, elle est d'un des plus érudits conservateurs, de mon savant maître et ami M. Paulin Paris, qui l'a énoncée et imprimée dans un écrit aussi spirituel que profond et dont le retentissement a été immense en Europe. J'ai la conviction que M. Paulin Paris est resté plutôt au-dessous de la vérité qu'il n'est allé au-delà (1). Nous savons bien ce qui a dû disparaître ; nous connaissons même quelques unes des choses qui ont disparu effectivement en 1793, à ce moment où, comme nous l'avons déjà dit, M. P. Paris nous apprend que certains employés de la Bibliothèque méritaient si peu de confiance. Nous savons encore de science certaine qu'il a été commis plus récemment dans certains départements de la Bibliothèque Nationale des soustractions *très considérables* que l'administration de cette Bibliothèque a connues et qu'elle a cachées. *La Confession*, disait Voltaire, *est bonne pour les petits voleurs ;* nous verrons plus loin qu'elle sert quelquefois aux grands et qu'elle a fait dernièrement ramener au bercail une pièce inappréciable. Ce serait peut-être le cas d'ajouter, (et les amateurs, MM. les académiciens des inscriptions surtout m'entendront), que le remords a fait aussi fonder des prix ; mais pour ne pas trop m'éloigner en ce moment de mon sujet, je rappellerai ce que j'ai déjà dit, savoir que les deux anciens catalogues de Dupuy n'indiquent que d'une manière générale l'existence de certaines pièces dans les volumes, sans fournir aucun moyen sûr de les reconnaître, et sans même donner le nombre des pièces autographes écrites par le même auteur, qui devraient se trouver dans chaque volume. Ainsi qu'on le verra plus loin, on lit dans ce catalogue que tel manuscrit doit contenir des lettres de tels ou tels personnages sans désignation aucune du nombre de ces lettres, ni de leur date, de leur contenu, etc. Il n'y est même pas mentionné dans la plupart des cas si ce sont des autographes ou des copies.

Si les pièces ou les feuillets composant chaque manuscrit avaient une pagination (ainsi que cela devrait être), il serait facile de s'apercevoir par son interruption, des lacunes que présenterait la numération ;

---

(1) Voici les paroles de M. Paulin Paris : « M. le directeur (M. Naudet) seul « entre tous les lecteurs de Paris, paraît ignorer qu'il y a dans la circulation com« merciale ou dans les cabinets particuliers plus de 20,000 volumes volés depuis « un siècle à la Bibliothèque du Roi... » (*de la Bibliothèque royale*, 2ᵉ édition.)

mais il n'y a qu'un très petit nombre de volumes qui soient paginés. Cette numération qui n'existe que pour quelques tomes, et qui est quelquefois même faite seulement au crayon, a été effectuée à des époques très différentes, sans but, sans plan, et, pour plusieurs volumes, j'en suis convaincu, non par les employés de la Bibliothèque, mais par les personnes qui ont eu à se servir de ces manuscrits. D'autres volumes, (je me souviens très bien de ce détail), ont été paginés à l'époque des travaux historiques, par les jeunes gens occupés aux catalogues par cartes, et cela uniquement *parce que ces volumes se trouvaient sur la table.* J'ai vu faire ces catalogues ; j'ai connu la plupart des personnes qui y ont travaillé, car, en ce temps-là, je passais, pour la copie et l'édition de mes publications, une partie de ma journée au département des manuscrits de la Bibliothèque royale. Je me rappelle fort bien qu'entre nous autres jeunes gens, en famille, autour du vaste poêle qui occupait alors une des salles, et où ce bon M. Hase était obligé sans cesse de venir interrompre nos bruyantes causeries et de nous rappeler au silence, nous avions pour habitude de rire beaucoup des catalogues par cartes qui ne sont véritablement pas plus utiles que ne le sera le futur catalogue des imprimés qui se rédige de la même façon. Quant aux travaux historiques, nous les appelions par plaisanterie *les travaux fort peu historiques,* parce qu'ils étaient faits réellement à la diable et plutôt comme de l'ouvrage de pacotille qu'autrement. On comprendra cette allégation, quand on saura que la plupart des rédacteurs, (écrivains, journalistes, vaudevillistes même), appelés du dehors pour ce travail extraordinaire qui a duré plusieurs années, n'étaient payés qu'à *un sou la carte.* Lorsqu'une de ces personnes, et c'était la plupart des gens d'un esprit assez distingué, avait réussi à *brocher soixante cartes* dans sa séance (il ne s'agissait pas de la qualité, mais du nombre), lorsqu'elle avait gagné *trois francs,* c'est-à-dire un tiers ou deux de moins que la journée d'un maçon, elle tâchait de s'échapper afin d'aller en signe de satisfaction, fumer son cigare au Palais-Royal ; puis, rentrée chez elle, elle se mettait à écrire un couplet ou une tirade contre le gouvernement.

Bien qu'incomplètes, les numérations, même faites au crayon,

dont nous parlions tout à l'heure, constatent un fait très important :
c'est qu'à quelques rares exceptions près, les soustractions, les dilapidations commises dans les volumes de Dupuy sont antérieures au
moment de la pagination, c'est-à-dire remontent au moins à une
époque qui est séparée de nous par dix-sept ou dix-huit ans et qui
peut être beaucoup plus ancienne. C'est là un élément dont il est
indispensable de tenir compte, lorsqu'on veut remonter à l'origine
de ces soustractions. Il est évident pour moi qu'à une époque donnée, il a été commis des vols et des lacérations considérables dans
les manuscrits qui se trouvent aujourd'hui à la Bibliothèque nationale ;
mais j'ajouterai que, pour la plus grande partie, du moins, de ces
manuscrits, ces soustractions remontent à une époque assez éloignée
de nous.

Faut-il, comme l'a donné à entendre M. Paulin-Paris, faire remonter ces mutilations jusqu'en 1793, et dire qu'elles ont eu lieu
par le fait de certains employés ? Je n'oserais l'affirmer. Ce qu'il y a
de sûr, c'est qu'elles sont généralement assez anciennes. Il y a pourtant, à l'appui de la supposition de M. Paulin-Paris, une grave con-
sidération ; c'est que plusieurs de ces soustractions ont été évidemment commises par des gens qui pouvaient *travailler* à leur aise et
sans se presser. L'état de démembrement complet dans lequel se
trouvent certains volumes paraît exclure absolument l'idée que ce
soit loin de la Bibliothèque et par des personnes étrangères à l'établissement que ces manuscrits aient pu être ainsi mutilés. D'autre part
des *taches d'encre*, des *pâtés* faits sur les catalogues (choses dont j'ai
parlé plus haut et dont je parlerai de nouveau plus loin) prouvent que
non seulement les voleurs opéraient sans crainte d'être dérangés,
mais qu'ils jouissaient de certaines facilités ; qu'ils pouvaient disposer,
par exemple, des catalogues (même de ceux qu'on met le moins habi-
tuellement à la disposition du premier venu) ; enfin qu'ils étaient
assez familiers avec ces catalogues pour aller ensevelir sous une tache
d'encre les indications qui auraient pu faire découvrir l'enlèvement
de telle ou telle pièce.

Après ces préliminaires, qui étaient nécessaires, je vais entrer en
matière et indiquer rapidement les nombreuses soustractions qu'en

bien peu de séances, et en parcourant seulement un petit nombre des volumes de Dupuy, de Philibert de la Mare, et autres, j'ai pu facilement constater.

Je ne me suis occupé que des volumes qui contiennent des pièces autographes, laissant de côté l'examen des recueils dans lesquels se trouvent des copies de pièces historiques. Ces recherches eussent dépassé mon but et m'eussent coûté beaucoup plus de temps que je n'en voulais mettre à cette besogne. Je ne suis pas chargé, d'ailleurs, de la police des manuscrits de la Bibliothèque nationale. La République, en la personne de M. Carnot, m'a trop bien désintéressé de ses affaires pour que j'aie à cœur de l'empêcher d'être volée. Qu'elle s'en défende, je ne demande pas mieux ; mais, à coup sûr, je ne me ferai point son gendarme.

Ce qu'on va lire n'est donc que le fruit d'un premier *examen,* examen que je donne comme très incomplet, qui a été fait très rapidement et qui ne m'a occupé que quelques jours. Je le reprendrai sur une plus grande échelle si cela devient nécessaire, et peut-être le public ne perdra-t-il rien pour attendre. J'ai réuni, par exemple, la liste d'un assez grand nombre de pièces mentionnées depuis un certain nombre d'années dans des ouvrages publiés soit en France, soit à l'étranger. Il me sera facile, quand je le voudrai, de prouver qu'aujourd'hui la plupart de ces pièces ont disparu.

Voici maintenant, par ordre de numéros, l'examen de quelques-uns des manuscrits de Dupuy :

N° 102. Ce volume est relié avec le n° 101, dont la matière est toute différente ; il est intitulé : « *Lettres de Jean Calvin, tant originales que copies.* » La pagination en est assez récente et mal suivie, en ce sens qu'elle procède ici par *folios,* là par pièces, quelle que soit l'étendue de la pièce et le nombre de ses feuillets. Les détails suivants montreront les inconvénients de ce genre de constatation. Ajoutez à cela qu'il n'y a pas de catalogue de tête à ce volume, et que le catalogue de la collection n'entre dans aucune énumération de ce qu'il contient. Quand on rencontre de pareils exemples, on est tenté de se demander à quoi ont passé leur temps jusqu'ici, pour la plupart, les nombreuses générations de conservateurs qui se sont succédé à la Bibliothèque nationale ?

Voici ce que j'ai observé dans ce manuscrit : — Le folio 13, qui
contenait sans doute, comme le folio 3 de ce volume, une lettre originale de Calvin, *manque*. Il n'y a aucune trace visible de déchirure ;
mais on peut avoir enlevé la pièce habilement. Ce folio est donc
absent ; du moins la pagination est brisée d'un feuillet ; elle saute
de 12 à 14. Le *verso* du folio 12 finit une pièce ; le *recto* du 14 en
commence une autre.

Le folio 25 est dans le même cas ; le folio 27 *idem*. Il en est de
même des folios 30, 33, 34, 39 : *desiderantur;* et ces lacunes indiquent probablement autant de lettres autographes de Calvin qui ont
été dérobées.

Du folio 42 exclusivement, jusqu'au folio 48, il n'y a pas de pagination ; mais au lieu de cinq feuillets, on n'en compte que trois. —
Du folio 48 au folio 56, il n'y a que six feuillets. On n'aperçoit, il
est vrai, aucun reste de page arrachée ; mais cela pourrait s'expliquer aisément. Par exemple, la pièce numérotée 67 (*de usuris*) fragment de sermon de Calvin, formant un petit cahier manuscrit de
format in-12 environ et composé de plusieurs feuillets non numérotés,
attachés à la page *in-folio* du volume par une simple bande de papier,
aurait pu être enlevée facilement sans laisser de trace. Qui nous dit
que ce n'est pas ce qui a eu lieu pour tous les feuillets absents?...

A partir de ce sermon, la pagination n'est plus par *folios*, elle est
par pièces ; puis elle reprend par folios. Enfin, après le folio 81, elle
s'interrompt tout-à-fait pour reprendre au folio 106. Il n'y a là,
comme on voit, aucun système, aucune logique ; c'est la fantaisie, la
négligence, l'absurde, la déraison, qui ont présidé à ce numérotage.
Et quand on pense que la collection Dupuy est entrée il y a plus de
cent cinquante ans à la Bibliothèque du roi !... Je ne crains pas
d'aller trop loin en disant qu'à Vienne, à La Haye, au *British-Museum*
et même à l'*Escurial*, on n'aurait pas laissé les choses en cet état
durant deux mois !...

N° 103 (relié avec le 104 et le 105). Ce volume est intitulé : *Lettres,
confessions et mémoires touchant la doctrine de ceux de la religion*

prétendue réformée. Il n'y a ni pagination, ni catalogue ; il est par conséquent impossible de constater les enlèvements, s'il y en a eu.

Le volume 104, non paginé ni catalogué non plus, contient les lettres *de* et *à* Th. de Bèze. Il y en a plusieurs qui sont autographes. Quelques-unes ont été coupées par la moitié ; je pense que cette mutilation a eu lieu pour qu'on s'emparât de la signature ; car c'est toujours la moitié inférieure qui manque.

N° 120. Au catalogue ce volume est intitulé : — *Originaux de plusieurs lettres italiennes de roys et princes à madame de Savoie, 1563.* Pour ce qu'il est devenu, voir plus haut, page 57. Il manque comme plusieurs autres.

N° 193-194, 2 volumes reliés en un ; pas de catalogue de tête. Le volume 193 n'a rien d'important ; mais la deuxième partie de ce manuscrit (t. 194) est au contraire très intéressante. Elle contient *des lettres de divers grands personnages.* — Ce tome 194 qui a un catalogue préliminaire, s'ouvre par des lettres de Montluc, de l'amiral Chastillon, du chancelier de l'Hospital, etc. Comme le catalogue de tête, et aucun des deux catalogues généraux de la collection Dupuy, ne disent jamais combien il y a de lettres de telle personne lorsqu'ils les mentionnent, — comme ils mettent tout simplement ces mots, par exemple : *Michel de l'Hospital* sans rien ajouter de plus, il est très difficile aujourd'hui de savoir si quelques-unes des lettres du chancelier (ou autres, lorsqu'il y en a plusieurs du même personnage) n'ont pas été arrachées. Ces enlèvements pourraient, comme nous l'avons dit, ne pas laisser de traces. Pour les lettres de l'Hospital j'ai rencontré aux folios 24 et 23 une circonstance que je crois bien provenir d'une mutilation. Afin de pouvoir, selon moi, s'emparer de la signature sans arracher la page, on a coupé le bas des deux folios, de manière à enlever la partie inférieure, sans doute à l'endroit où devait se trouver le nom du chancelier.

Ce volume contient au fol. 35 une lettre de Jacqueline de la Trémouille, *non mentionnée* au catalogue de tête, tandis que celle de Villeroy, qui, d'après ledit catalogue, devrait se rencontrer entre une de *Pibrac* et une du *duc et maréchal de Biron,* NE S'Y TROUVE PAS. La pagination, qui est récente, n'est point interrompue ; je n'ai remarqué d'ailleurs aucune trace subsistante d'arrachement ; mais enfin la lettre n'y est pas. Ce volume est, du reste, assez précieux, car il contient des lettres autographes du maréchal de Fervaques, de Gondy, évêque de Paris ; de Saint-Maigrin, de René de Rieux, de Mme de Pienne, d'Anne de Pisseleu, de Joyeuse le père, de la marquise de Verneuil, du cardinal d'Ossat, de P. Jeannin, de Fresnes-Canaye, de Jacques Soarez, de Rosny (8 lettres, dont 6 tout entières autographes ; les autres sont seulement signées : *duc de Sully*), etc.

N° 261. (*Lettres escrites du règne de Louis XII sur les affaires de l'Estat*).

Ce manuscrit, *paginé au crayon* et assez récemment, est relié avec le volume 262. Il contient des lettres autographes de Montmorency, de Gabriel d'Albret, de Janus Lascaris, de François de Saluces, de Francisque Medulla, de Lafayette, du Bastard de Vendosme, de P. de Luxembourg, de Georges de Duras, d'Armand de Polignac, etc.

Il porte en tête de chaque volume un petit catalogue manuscrit, grâce auquel on peut vérifier ce qui manque, ce qui est présent, ce qui est mal paginé ou mal catalogué. Voici le résultat de mon examen.

Jusqu'au folio 120, tout est conforme au catalogue. A ce folio il existe une lettre de Francisque Medulla : elle est paginée 120, mais non portée au catalogue qui est en tête du manuscrit. Au folio 122, on trouve une lettre de Robert Surreau, non portée au catalogue ; mais quelques pages plus loin, entre une lettre de Mondragon et une de Rigault-Donzelle, il manque une lettre de Joseph de Bentivoliis, qui est cependant portée au catalogue de tête du manuscrit.

Au folio 176, il manque une lettre de George de Duras, mentionnée au catalogue de tête, et entre les folios 188 et 189, il devrait y en avoir une de Crussol, qui est marquée au catalogue. Elle ne se trouve pas dans l'intérieur du volume.

Par contre, le manuscrit contient non portées au catalogue de tête, folio 133, une lettre de Réné de Pruneley ; — folio 138, une lettre de Doyan ; — folio 157 à 161, deux autres lettres ; — folios 165 et 166, idem ; — enfin les quatre dernières pièces du volume ne sont pas non plus portées au catalogue de tête.

N° 262 (relié avec le 261). Ce volume contient des lettres de cardinaux, de Louis d'Orléans, de Philippe de Clèves, de Galéas Visconti, du bâtard de Savoie, de la Trémouille, d'Antoine Spinola, de Chabannes, etc.

Plusieurs lettres des cardinaux *manquent*, non d'après la pagination *récente* faite au crayon, mais d'après le catalogue qui est en tête.

Entre les folios 133 et 132, devraient se trouver deux lettres, l'une de Baillot, l'autre de Barme ; *elles n'y sont pas*, mais la pagination n'est pas interrompue.

Entre les folios 142 et 143 devrait être placée la lettre d'Antoine Spinola, mentionnée au catalogue ; *elle n'y est pas*. La pagination n'est pas interrompue non plus ; ce qui prouve que ces soustractions ont eu lieu antérieurement à l'époque à laquelle la numération qui date d'une quinzaine ou d'une vingtaine d'années a été faite.

N° 263-264, (2 volumes reliés en un) intitulé : *Lettres écrites du temps du roi François 1er, touchant les affaires de l'Estat.*

Ce manuscrit contient des lettres de Charles de Bourbon, de la reine Léonore, de Charles de Vendosme, du cardinal de Lorraine, du chancelier Poyet, de G. de Croy, de Montmorency, de la Rochepot, de Julien de Médicis, etc. ; la pagination est assez récente : il y a un catalogue manuscrit en tête.

Les folios 19 et 20, arrachés évidemment depuis la pagination, puisque leur enlèvement l'interrompt, devraient contenir une lettre de madame de Savoie (Marguerite) ; cette lettre *manque*.

Entre les folios 66 et 67, il *manque* une lettre du chancelier Guillaume Poyet, indiquée au catalogue de tête ; mais la pagination n'est pas interrompue ; l'enlèvement est donc antérieur à cette pagination.

N° 264 (relié avec le 263). Ce volume contient des lettres du cardinal d'Yorck ; d'Hercule, duc de Mantoue ; de H. de Nassau, de Spinola et de divers cardinaux.

Entre les folios 61 et 62 de la pagination qui est récente, il devrait y avoir une lettre signée : *Turenne*. Elle ne s'y trouve pas.

Entre le folio 171 et le folio 172, on devrait rencontrer une lettre signée : *Spinola*. Elle n'y est pas, quoique portée au catalogue de tête.

Numéros 268-272, (réunis ensemble en un gros volume). La pagination s'y suit comme pour un seul tome, et on lit au folio de garde, ces mots tracés au crayon, comme toute la numération de ce volume : *trois cent quatre vingt-six pages.* Le tome 268 porte ce titre spécial : *Epistolæ theologorum quorumdam protestantium ad Jos. Calvinum et Th. Bezam.* En effet, on trouve dans ce volume des lettres autographes de Melanchton (folios 7, 8 et 13); de Bullinger, de Joannes Lasco, de Peucer, de Jacobus Brocardus, etc.

Le folio 145 manque, et il manque si bien que celui qui vient après et qui est le *verso* d'une lettre à Théodore de Bèze, est noté 145 *bis* ; de sorte qu'il n'existe dans ce manuscrit, qui est très exact comme pagination, que les folios 144 et 145 *bis*. Le 145 simple *est absent.* Que contenait-il ? Sans doute quelque pièce importante et curieuse ; mais il n'existe aucun moyen de la spécifier.

N° 371. On répond à qui demande ce volume, qu'il n'est jamais entré à la Bibliothèque ; mais ce qui montre le peu de cas qu'il faut faire de ces réponses, c'est que ce manuscrit (je le prouverai quand on voudra) *est au contraire parfaitement entré à la Bibliothèque* avec la collection en question ; — c'est *qu'il y est encore ;* — c'est qu'il n'a été ni volé, ni dérobé, *quoiqu'on ne le retrouve plus ;* — c'est enfin *qu'il est intact* et que je sais l'endroit où il gît, chose qu'on ignore à la Bibliothèque nationale.

N° 688 de Dupuy, relié avec les n°s 689 et 690. En feuilletant le catalogue par ordre alphabétique, je rencontrai à la lettre G, le nom de *Galilée*. Le catalogue me renvoya pour ce nom au volume 688 ; je le demandai immédiatement et avec d'autant plus d'instances, que des notes antérieures prises par moi sur le manuscrit lui-même quelques jours auparavant, ne m'avaient signalé d'aucune façon le nom du célèbre régulateur des cieux. Dans cette incertitude, j'ai dû m'entourer de toutes les lumières possibles. Prenant donc, d'un côté, le catalogue par ordre de numéros, de l'autre, le catalogue par ordre alphabétique de matières et de noms, je les ai contrôlés l'un par l'autre, et j'ai contrôlé, à son tour, le manuscrit par tous les deux.

Voici le résultat de cette exploration : ce manuscrit ne possède ni catalogue de tête, ni pagination. Il est intitulé, pour le volume 688 (les deux autres ont des titres différents) : *Lettres originales de Charles-Quint. — Epistolæ latinæ. — Lettres italiennes et lettres françoises.*

Ce tome 688, s'ouvre par les lettres de Charles-Quint. — Ces précieux documents épistolaires *tombent en lambeaux,* suite naturelle de la moisissure qu'il eût été si facile de leur éviter, en ayant soin de tenir ce manuscrit dans un endroit sec. Le papier sur lequel sont tracées ces lettres, est plié et replié, à tel point qu'il s'en trouve, malgré son épaisseur et sa force primitive, tout cassé et brisé. Si on secouait le manuscrit, des pages entières s'en iraient en poussière.

Les lettres de Charles-Quint sont suivies d'une lettre de Pithou, après laquelle on devrait selon le catalogue par ordre de numéros, et selon le catalogue par matières, en trouver plusieurs *d'Holstenii, Camdeni, Heinsii,* faisant partie des lettres latines, mais *elles manquent.*

Dans les lettres italiennes, après une première lettre de Pignorio, devait venir, suivant le catalogue par numéros, *une inscription autographe de Rubens.* Le catalogue par ordre de matières dit (indication qui n'est pas à dédaigner) : *des lettres de Rubens* (au pluriel) ; mais inscription ou lettres, on a simplifié la chose : il n'y a plus rien. Les autographes de Rubens ont suivi ceux de Dubartas, de Montaigne, de Ronsard, de Dolet, etc. Ils ont disparu.

Après *le* ou *les* Rubens, devaient venir, si l'on s'en rapporte aux deux catalogues, des pièces non moins importantes. Voici d'abord ce que dit le catalogue par ordre de numéros et de volumes :

« Une inscription autographe de Rubens. — Manière exacte pour « peser. — Del Galilœi. Vel Doni. »

Le catalogue par ordre alphabétique dit, lui : *Lettres de Galilée;* mais ici encore on nous a ôté l'embarras de la découverte, et le plaisir de la vérification ; car, lettres de Galilée, ou pages scientifiques écrites de sa main, on a employé le même procédé que pour Rubens : on a tout enlevé; seulement le voleur n'a pas été fort adroit; il a laissé des traces de son passage, et l'on voit encore les débris de la coupure.

Dans la partie du volume intitulée : — *Lettres françoises*, après celle qui contient les remerciements du cardinal de Bérulle, pour l'obtention de son chapeau, devait venir, suivant le catalogue par numéros, une lettre de Sully. *Elle n'y est pas ; mais on voit encore, comme pour Galilée, la trace de l'arrachement*. Le catalogue alphabétique va plus loin que nous; il dit (au pluriel) : *Lettres de Sully*.

Enfin, d'après les deux catalogues, une lettre de M. de Masures était suivie de *lettres* (au pluriel pour chacun d'eux) de *Godeau* et de *Naudé*. Elles ont été arrachées; *mais on en voit encore les traces*. Cet enlèvement est d'autant plus déplorable, que la lettre de Godeau (singulier ou pluriel, je laisse à de plus habiles à en décider) était la seule pièce de lui que renfermât la collection Dupuy.

N° 699. *Epistolæ clarorum virorum*. Ce volume a été paginé par pièces, et il y a en tête un très long catalogue contenant les noms de ceux qui ont écrit les lettres. Il manque un grand nombre de ces dernières, sans que la numération soit interrompue. Cela prouve, comme je l'ai déjà dit pour d'autres manuscrits, non que ces enlèvements n'ont point eu lieu, mais tout simplement qu'ils sont antérieurs à la pagination. Ainsi les lettres *16* et *17*, lettres très précieuses, de Paul Manuce, qui sont indiquées au catalogue, *manquent*. Plus loin, il manque une lettre d'Antoninus Posseninus et une autre de P. Danesius. De plus ce volume est rempli de *souches*, c'est-à-dire qu'il y a partout des traces d'enlèvement. C'étaient probablement des pièces doubles ou triples qu'on a ainsi arrachées. En laissant *une pièce* sous chaque nom, le voleur était assuré que son larcin ne serait pas décelé par le catalogue de tête qui ne dit pas le nombre des pièces, mais qui se borne à citer le nom de l'auteur.

N°ˢ 704, 705, 706, 707 (en un seul vol.). Ce manuscrit n'est pas paginé ni catalogué en tête. Il SEMBLE n'y rien manquer. La 1ʳᵉ partie, n° 704 (*lettere volgari*) contient toute la correspondance du cardinal Barberino; la 2ᵉ (705) quelques lettres de cardinaux, du professeur Alessandro, de Trajano Guiscardi, de Beccadelli, de Vialardo, de Guarino Guarini, de Benedetto Benedetti, de Leone Allacio, de Giorgio Anize (archevêque du Liban); la 3ᵉ (706) des brouillons de lettres de de Thou ; la 4ᵉ (707), intitulée *lettres françoises*, contient spécialement la correspondance de de Thou avec Casaubon. Tout cela *semble* intact. Je dis *semble,* parce que là où il n'y a ni catalogue ni pagination, si les mutilateurs (surtout dans des volumes qui ne sont que cartonnés) ont été habiles, il ne reste aucune trace apparente de l'enlèvement d'une pièce ou même de plusieurs. Or, un grand nombre de volumes de la collection Dupuy sont dans ce cas.

N° 761 (relié avec le 762). Il manque dans ce manuscrit *deux lettres originales de Louis XI,* toutes deux mentionnées au catalogue. L'enlèvement de ces autographes est d'autant plus déplorable que les lettres portant autre chose que la signature de ce prince, sont à la fois rares et chères : aussi les recherche-t-on beaucoup aujourd'hui.

Mais je m'arrête ; en voici assez, pour le moment, sur le fonds Dupuy. Passons à une autre *cuvée,* comme dit Montaigne.

Les mutilations nombreuses que je rencontrais dans le fonds Dupuy, et que je viens de signaler, me firent penser que d'autres collections non moins importantes qui sont à la Bibliothèque nationale, avaient dû éprouver probablement des pertes tout aussi regrettables. Guidé surtout par des indications que j'avais puisées dans certains catalogues de vente publique, je pensais, et je pense encore que les collections Séguier, d'Hozier, de Clairembault, de Lorraine, Caillé, Dufourny, Lancelot, etc., etc., avaient dû éprouver des pertes considérables, et je me disposais à en faire l'objet de mes explorations, soit pour y découvrir des lettres d'un intérêt historique et littéraire, telle que je les cherchais, soit, puisque le hasard m'avait jeté dans cette voie pour y mesurer, avec regret, jusqu'où avait pu être portée la rage des mutilateurs.

La singulière circonstance qui m'a forcé à publier dès aujourd'hui le résultat des tristes découvertes que j'aurais volontiers gardées pour moi (circonstance dont j'ai parlé dans mon *avertissement*), ne m'a pas permis d'aller plus loin et de faire dans les quelques centaines de volumes d'autographes appartenant aux fonds de la Bibliothèque nationale que je viens de nommer, l'ample moisson de découvertes qu'y feront sans doute les explorateurs qui auront du temps à consacrer à cette besogne.

Pour moi, j'en avais assez de ce fastidieux travail. D'ailleurs la vue de l'impéritie ancienne, et de l'insouciance actuelle (1) d'une grande administration, me faisait mal. Aussi est-il probable, qu'en tout état de cause, je me serais arrêté là; mais il n'y en a pas moins d'autres faits très graves, très importants que j'ai constatés, pour ainsi dire malgré moi. Je ne me crois pas obligé de les révéler au public, du moins quant à présent. Je choisirai pour cela, si je suis appelé de nouveau à prendre la parole dans ces questions, mon temps et mon heure.

En attendant, je puis ajouter ici quelques détails sur les fâcheuses découvertes que j'ai faites également, tout en examinant les manuscrits de la collection Dupuy, dans divers recueils d'autographes qui existent depuis très longtemps à la Bibliothèque nationale, et qui sont décrits dans le quatrième volume du catalogue, publié en 1744, (pag. 473 et suiv.). Plusieurs de ces recueils, dont je n'ai pu examiner qu'une partie, et d'une manière assez rapide, ont appartenu à Philibert de la Mare et sont entrés en 1719 à l'ancienne Bibliothèque royale. On verra qu'ils ont été scandaleusement dépouillés. Des lettres précieuses et chères par le souvenir de ceux qui les ont écrites, en ont été enlevées en grand nombre. Les listes, ainsi que les catalogues manuscrits où ces pièces étaient mentionnées, ont subi des grattages et ont été recouverts, à certains endroits, par des taches d'encre, dans la vue de dissimuler ces enlèvements. Tout cela s'est fait,

---

(1) En voici une preuve assez curieuse qui date à peine de quelques mois. Les Bénédictins ont imprimé, pour prouver qu'au treizième siècle, on ne se servait pas seulement de parchemin, mais de papier, une lettre de Joinville. On la croit autographe. Depuis on cherchait partout cette pièce sans la trouver. Les savants allemands prétendaient qu'elle était *fausse*, et qu'elle avait été *inventée* par les Bénédictins pour les besoins de leur cause, etc. C'était là une perte capitale. Or, un élève de première année de l'école des Chartes ayant demandé à l'un des plus anciens employés du département des manuscrits, quelques parchemins ou papiers pour s'exercer à les déchiffrer, celui-ci se rendit, pour en chercher, dans le cabinet des chartes de la bibliothèque. Il y avait plusieurs années qu'il n'avait ouvert le carton J. Un Dieu voulut qu'il mît la main dessus et que la première feuille qu'il en tirât presque au hasard, fût la lettre de Joinville. On raconte qu'il se trouva mal d'émotion !... Qui nous dit qu'il n'y a pas beaucoup de pièces dans le cas de ce précieux autographe ? Comment se fait-il que de pareilles choses arrivent ? Et telle ou telle pièce qu'on croit perdue n'est-elle point seulement égarée ?...

sans que jamais personne ait songé, à ce qu'il parait, à s'en formaliser; sans qu'on se soit occupé, que je sache, à prendre des précautions pour empêcher le retour de pareils détournements.

Voici maintenant quelques unes des constatations que j'ai faites dans le fonds de Philibert de la Mare, aujourd'hui réparti dans *l'ancien fonds latin.*

N° 8583. Le catalogue imprimé décrit ainsi ce manuscrit : (Olim de la Mare 297, reg. 5174). — *Ibi continentur Melanchtonis, Philippi Metelli, Hermani Wilkendi, Martini Helsingi, Joachimi Camerarii, aliorumque ad Hubertum Languetum, epistolæ autographæ.* Il y a en tête du recueil une liste détaillée de toutes les pièces contenues dans le volume.

La première lettre est de Mélanchton. Elle est en place, ainsi que toutes les autres ; mais l'avant dernière qui était aussi de Mélanchton, a été arrachée. La preuve, c'est que le dernier folio du volume qui existe encore au manuscrit, en est *détaché*, et n'y *adhère* pas. Il a été mis dans cet état probablement par le voleur lorsqu'on a dérobé la lettre de Mélanchton.

Je dois, à propos de cette lettre de Melanchton et de son enlèvement, signaler une circonstance assez piquante. C'est que, au catalogue de tête de ce volume, la mention de la lettre de Melanchton et de la pièce qui la suit, existe *d'une main* et *d'une encre* beaucoup plus récentes que le reste du catalogue. On avait oublié primitivement d'inscrire ces deux pièces avec les autres sur ce catalogue ; on a voulu réparer cette omission et on les y a mentionnées. Or, précisément, ce qui devait les sauver est ce qui les a perdues. En les signalant à l'attention du public érudit, on les a signalées aussi à celle des dévaliseurs ; et l'un d'eux n'a pas manqué de s'en emparer.

Voilà pourquoi l'une de ces lettres, la seule des deux qui fût précieuse, celle de Mélanchton, a disparu. Je ne puis assigner d'époque à ce vol ; mais il est évident par l'inspection de l'encre et du manuscrit qu'il est assez récent.

N° 8584. (Olim De la Mare 291, reg. 5174.) Il n'y a pas de pagination à ce manuscrit; mais il y a un petit catalogue de tête. Malheureusement ce catalogue est très inexact, très incomplet, et les constatations d'enlèvement sont par conséquent très difficiles. Quant au catalogue imprimé, il ne donne aucun détail et ne nous apprend pour ainsi dire rien. Selon moi, pourtant, on a enlevé ici plus d'une pièce ; mais lesquelles? et de qui ? et combien? — Voici une conjecture qui pourra nous mettre sur la trace.

Au catalogue manuscrit de ce volume, on a gratté avec un canif et complétement effacé, (de peur probablement qu'on y retrouvât la preuve de l'enlèvement d'une ou de plusieurs pièces), le *dix-neuvième nom d'auteur,* — celui qui vient après le nom de Salmon Macrin. Dans l'intérieur du manuscrit, comme il n'y a ni pagination par feuilles, ni pagination par pièces, ni trace d'enlèvement ou de déchirure, il est difficile de savoir ce qu'il y avait après le nom de Salmon Macrin et quel était l'auteur de la lettre enlevée, l'écrivain dont on a effacé le nom ; mais ne serait-ce pas encore Mélanchton ?

Ce qui me fit naître immédiatement cette idée, c'est que, au milieu de ce manuscrit je trouvai un signet que j'y ai religieusement laissé, après y avoir toutefois inscrit une note de ma main, avec la date du 8 novembre 1849, et ma signature *ne varietur*. La note suivante, tracée au crayon sur ce signet : — *Il n'y a pas de lettre de Melancthon dans le manuscrit latin* 8584, — prouve au moins qu'on a cru qu'il y en avait une et qu'on l'y a cherchée. Seulement, on sera arrivé trop tard ; elle avait déjà disparu. Aujourd'hui il n'y a plus de doute ; la note du signet, que je crois de M. l'abbé de Lépine, ancien conservateur de la Bibliothèque royale, est, pour l'avenir, d'une vérité mathématique : — *Il n'y a pas de lettre de Melancthon dans le manuscrit* 8584 ; — mais cela n'empêche pas que jadis, sans doute ce manuscrit n'en ait renfermé une ou plusieurs. Reste toujours, comme disent mes compatriotes des Pyrénées, qu'il y a un grattage ; que sous ce grattage il y a, ou, pour mieux dire, il y avait un nom, et que si on a fait subir au catalogue une mutilation, c'est que ce nom était important, et qu'on avait peur que sa simple vue n'engageât à chercher immédiatement la pièce qu'il mentionnait, dans l'intérieur du volume... Allons ! bien décidément il y a avait là une lettre de Mélanchton ou quelque chose d'approchant.

N° 8585, *ancien fonds latin.* Ce manuscrit in-folio, couvert en parchemin et cartonné, était marqué dans le fonds de la Mare, du n° 290; il porte en outre à la première page la mention suivante : Reg. 5174

A.

Il est décrit ainsi au catalogue imprimé, tom. IV, pag. 473 ; « Codex chartaceus, olim Philiberti De la Mare. Ibi continentur Gal- « lorum doctrinæ laude præstantium epistolæ autographæ quas inter « nonnullæ *Theodori Bezæ, Ponti Thyardæi, Joannis Calvini,* « *Guillelmi Postelli, Francisci Chiffletæ, Isaaci Casauboni et alio-* « *rum.* »

Ce manuscrit porte au dos, écrit à la main, le titre suivant : *Gallorum epistolæ*, emprunté au catalogue également manuscrit qui est en tête du volume et qui se compose de plusieurs pages.

Ce catalogue manuscrit sur lequel est appliqué le timbre rouge de la Bibliothèque, était jadis comme le reste du volume, relié et attaché au volume ; mais pour opérer les soustractions dont je vais parler on l'en a détaché, ainsi que bon nombre des pièces qui font encore au- jourd'hui partie dudit recueil. En un mot, pour tout dire, on a tellement butiné dans ce manuscrit, on l'a tellement mutilé, que la plupart des pièces qui y restent encore sont détachées de la reliure et que les autres y tiennent à peine. Ce n'est pas par des étrangers, par des gens qui auraient travaillé dans la salle commune, sous les yeux des conservateurs, et qui, par conséquent n'auraient pas eu un temps et des loisirs considérables, qu'une telle mutilation si complète, si gé- nérale, aurait pu s'effectuer. Aucun emprunteur n'aurait osé ni pu restituer un manuscrit dans un état pareil, état déjà ancien, dont il est inconcevable qu'on ne se soit pas encore aperçu à la Bibliothèque, et qui n'est signalé au catalogue par aucune note spéciale.

Ni le catalogue manuscrit, sans lequel il serait impossible malgré la mention du catalogue imprimé, de retrouver et d'indiquer les lacunes, ni aucune des pièces du volume, ne portent de numération; mais en comparant pièce par pièce ce qu'indique ce catalogue manuscrit, à ce qui reste du volume, j'ai pu constater ce qui suit.

L'ARTICLE PREMIER du catalogue manuscrit est indiqué ainsi : *Theodori Bezæ epistolæ XIV.* Il en manque *douze et trois quarts*

c'est-à-dire que le volume commence avec la page 5ᵉ de l'avant-der-
nière lettre de Théodore de Bèze. Ce fragment de lettre est signé : *Tuus
Beza*, et adressé à *monsieur Ledet, escholier, estudiant à Buurges*.
Il faisait partie d'une lettre latine.

La lettre qui suit (lettre **XIV** si l'on s'en rapporte au catalogue,
lequel pour ce volume se montre partout très exact), est en français ;
elle est adressée à *Monsieur Papon, conseiller de la Cour de parlement
à Dijon.* Elle est signée : *T. de Bèze.*

L'ARTICLE ONZIEME DU CATALOGUE manuscrit : — *Lettre de
M. de Marca, archevêque de Paris, au R. père François Delavie,
de la compagnie de Jesus,* manque ; cette lettre a été enlevée.

L'ARTICLE 12ᵉ est composé de plusieurs pièces ; il en *manque*
une ; c'est une lettre du baron de *Sercey* ou *Sennecey*, (le nom est
très difficile à lire).

ARTICLE 14. — Cet article est ainsi conçu : *Lettres d'Antoine, cardinal d'Ossat, et de Jacques, évesque d'Evreux.* La première de ces
deux lettres manque.

ARTICLE 44. — Cet article est ainsi mentionné au catalogue manuscrit, y compris les points : .... *Bellaius Carolo Utenhovio.* Cette
lettre *manque.*

ARTICLE 45. — *Lettre de Jacques de Bongars.* — *Desideratur.*

ARTICLE 51. — *Lettre de Jean Goupil à M. Morel.* — *Idem.*

Enfin à la dernière page du catalogue il y a la mention de *deux lettres de Ronsard.* La pièce antérieure et la pièce postérieure sont au
volume ; mais les deux lettres si précieuses du fondateur de la Pléiade,
de l'*empereur des poètes,* comme on l'appelait de son temps, *manquent.* Je ne saurais rendre la sensation que j'ai éprouvée à cette
dernière et désolante découverte. Nos vandales modernes n'ont pas
même respecté le vieux porte-couronne intellectuel du 16ᵉ siècle.

Nº 8589, ancien fonds latin (olim de la Mare). Ce manuscrit est
décrit ainsi au catalogue imprimé (tome IV, page 473) : *Ibi continentur Gilberti Cognati, Caroli Utenhovii et aliorum ad Janum Mo-
rellum Ebredunensem, epistolæ latinæ et gallicæ autographæ ;*
mais il y a un catalogue de tête qui est plus explicite et qui donne la
liste de ces lettres. Si la Bibliothèque avait fait son devoir, il y a

longtemps que l'on aurait un catalogue imprimé ou du moins un catalogue manuscrit reproduisant la première et la dernière ligne de chacune des pièces de tous ces volumes, ce qui permettrait à l'administration de les réclamer à coup sûr quand elles passeraient dans les ventes,
tandis que dans l'état actuel, quand il n'y a pas de timbre, (et rare-
ment il y en a dans les folios des manuscrits), il est impossible de réclamer autrement qu'en aveugle et au hasard : un timbre d'ailleurs ne
suffit pas ; on l'efface assez aisément. Si les *voleurs* qui ont dépouillé
ce manuscrit lui eussent fait subir la mutilation qu'évidemment bien
d'autres volumes ont éprouvée, c'est-à dire s'ils eussent enlevé le catalogue manuscrit qui est en tête, où serait le moyen de contrôle et
comment découvrir ce qui a été arraché ? On pourrait tout au plus,
prouver par quelques débris, qu'ici ou là, il y a eu une pièce enlevée.
Mais qu'était cette pièce ? Qui avait-elle pour auteur ? Il serait impossible de le décider. Heureusement on ne pense pas à tout ; le catalogue de tête existe, et, avec son aide, j'ai constaté que la 14e pièce
de ce manuscrit, *lettre de Marie reyne d'Ecosse*, *manque* ; que la
17e dont on ne peut savoir l'auteur, car au catalogue de tête (*ce qui
prouve que cette lettre était importante*) on a gratté son nom, manque également (1).

La 22e pièce (lettre de Pierre Ronsard) *manque* aussi ; seulement,
à la différence des deux cas précédents où l'on n'aperçoit aucune trace
d'arrachement et où le catalogue seul nous renseigne, on voit ici,
dans toute la hauteur du manuscrit, la racine de la feuille enlevée dont
il reste environ la largeur d'un doigt. Cette feuille est même coupée
si régulièrement, la coupure est si droite, si nette dans toute la longueur du folio, qu'il est évident que le voleur ne s'est pas pressé ;
qu'il n'a eu peur de rien ; qu'il était à son aise et qu'il a fait, comme
on dit, son affaire fort tranquillement.

La trente-deuxième lettre de ce manuscrit, qui était d'Estienne
Jodelle a été aussi *coupée*, et toutes les réflexions que je fais pour

---

(1) Voilà une nouvelle variante à ajouter à aux *taches d'encre* signalées sur
d'autres catalogues, et dont l'un de nos *fac simile* reproduit un modèle.

la vingt-deuxième s'appliquent également à celle-ci ; la trace est la même, aussi large, aussi régulière, etc.

Le catalogue est du reste parfaitement exact et chacune des lettres qu'il annonce comme précédant ou suivant celles qu'on a enlevées sont à leur place ; ce qui m'étonne seulement, c'est que le voleur ait laissé en place une lettre de *David Rizzio*, secrétaire de Marie-Stuart, dont la fin tragique méritait bien cependant qu'on lui fît l'honneur de dérober un de ses autographes.

Mais que voulez-vous ! notre voleur avait probablement des goûts plutôt littéraires que politiques.

N° 8590, *ancien fonds latin*. Epîtres d'Henri Cocq. Le catalogue imprimé (page 474) annonce après ces lettres *la Jornada de Tarraçona (sic) para concluir las cortes... 1592 ; recopilada por Henrique Cocq.* — *Cette pièce a été enlevée.*

Voici maintenant une variété d'espèce à ajouter aux grattages, taches d'encre, etc., des catalogues de tête ou autres, dont nous avons déjà parlé. Celle-ci ne se trouve pas dans un manuscrit de l'ancien fonds latin ; elle appartient à un recueil du fonds français, coté 8593, G.

Le n° 8593 renferme toute une collection de volumes, la plupart n'ayant ni pagination par folio ou par pièce, ni catalogue, et allant de 8593 A, jusqu'à 8593 S. Le premier volume (8593 A), contient des lettres de Catherine de Médicis, de Montmorency, de Carracioli, d'Anne de Pisseleu, de Villegaignon, de Guarini. Il n'y manque rien.

Les autres renferment des lettres de M. Cantecroix, de M. d'Atichy (évêque d'Autun), de la famille d'Aumont, du marquis de Connonges, de Guillaume du Vair, de Strozzi, du cardinal d'Armagnac, de Rivet, de Saumaise (réunies presque toutes par volume pour chaque personnage). Il semble n'y rien manquer à l'exception de ce qui suit : — Le volume 8593 S, contient les lettres de la maison d'Aumont, réunies en un volume ; parmi elles il y en a trois de La Trémouille. Tout cela est en place ; mais au milieu du manuscrit, entre une lettre signée : *de Bontemps* et une signée : *Blanche d'Aumont*, il devrait s'en trouver une troisième qu'on a arrachée. De qui était cette lettre ? qui avait-elle pour auteur ? je ne sais. On a effacé complètement cette mention au catalogue de tête, non en faisant un pâté d'encre ou en grattant, cette fois ; mais avec des barres qui rendent le nom illisible. Cette lettre devait être évidemment la plus curieuse de toutes celles que contenait ce volume. Les précautions même prises pour qu'on ne s'aperçût pas de son enlèvement, le prouvent. Mais on n'a pas pu faire entièrement disparaître toute trace de déchirures ; il reste encore deux fragments de la page dérobée qui servent à constater le vol. A coup sûr je n'accuse pas les employés actuels de la Bibliothèque ; mais qui a pu, après avoir enlevé la pièce, faire ainsi une *tache* d'encre sur le catalogue de tête *?* De tels travaux ne se font pas (je l'ai dit plus haut et je le répète avec intention) par des lecteurs qui ont les coudes pressés, ni par des emprunteurs auxquels il serait si facile en ce cas, lorsqu'ils rapporteraient les volumes, de prouver leur turpitude.

Si j'estois grand enlumineur de mes actions, comme écrit le philosophe périgourdin dont le nom figure en tête de cet opuscule, je pourrais ajouter ici, tant sur le fonds latin, que sur le fonds français, d'autres révélations non moins piquantes, mais j'ai peur de fatiguer la patience de mon lecteur en le retenant trop longtemps sur le même terrain et je préfère l'entraîner vers un autre.

Bien que pouvant constater chaque jour, comme on a dû le voir par ce qui précède, quelque mutilation des plus regrettables dans les recueils d'autographes qui sont à la Bibliothèque nationale, j'étais loin de m'imaginer que des pertes analogues pussent avoir été subies par des manuscrits qui, quoique très précieux, ne semblaient pas devoir offrir aux mutilateurs le même genre d'attrait. Une circonstance imprévue me prouva malheureusement que j'étais dans l'erreur. Tous ceux qui s'occupent de littérature espagnole, connaissent le fameux manuscrit du *Cancionero de Baena*, qui a figuré, en 1836, à la vente de la collection de Richard Heber à Londres, avec une indication qui prouvait que ce manuscrit avait été dérobé à la bibliothèque royale de l'*Escurial*. Ce volume qui (malgré cette provenance bien constatée) fut acheté au prix de 1,575 francs, à la vente Heber, par la Bibliothèque royale de Paris, a été décrit par les plus grands bibliographes de l'Espagne, tels que Nic. Antonio Velasquez et Rodriguez de Castro. Les descriptions données de ce manuscrit par ces écrivains sont reproduites, en partie du moins, au catalogue de vente qui dans un article très détaillé dit (1) :

« Two leaves and a portion of a thind are wanting but these were « also deficient when de Castro withe his account. » — « Il manque « (à ce manuscrit) deux feuillets et une partie d'un troisième feuillet, « mais ces feuillets manquaient déjà lorsque de Castro écrivit sa des- « cription. »

On devait donc croire qu'excepté ces défauts anciens et constatés de nouveau au moment où le manuscrit fut acheté pour le compte de la Bibliothèque royale, il n'y avait pas d'autre *desiderata* dans ce beau volume. Aussi n'aurais-je jamais songé à examiner, au point de vue des mutilations, ce *cancionero* que j'avais eu souvent entre les mains, et dont j'avais à diverses reprises extrait un assez grand nombre de pièces, soit pour le cours de littérature espagnole que j'ai professé durant plusieurs années à la faculté des lettres de Montpellier, soit pour tout autre usage, lorsqu'au mois de novembre dernier, apercevant ce volume sur l'une des tables de travail de la salle des manuscrits, je l'ouvris par hasard au folio 167. Ayant tourné le feuillet, je vis, à ma grande stupéfaction, que celui qui suivait était marqué 169. Donc le 168 *manquait*. Je fus frappé de cette absence comme d'un coup de foudre, et, tout tremblant, je fis avec une bien profonde émotion le recollement complet de ce manuscrit. Voici le résultat de cet examen. Les folios 6 et 7 *manquent*; — le folio 37 *manque*; — le folio 45 *manque*; — entre les folios 130 et 134 il *manque* un feuillet, sans que je puisse dire si c'est 131, 132 ou 133. — Le folio 144 *manque* aussi, et l'enlèvement de celui-là a laissé des traces très visibles; le papier enlevé subsiste encore à la racine dans toute la longueur du folio, sur deux lignes environ de largeur. La pagination se compose de vieux chiffres espagnols du dix-septième siècle.

Le manuscrit est dans la reliure anglaise de Lewis qu'il avait lorsqu'il entra à la Bibliothèque.

Maintenant, quand la Bibliothèque nationale achète des manuscrits

(1) *Bibliotheca Heberiana*, XI part. manuscript., n° 902, pag. 100.

constate-t-elle minutieusement leur état sur un registre? fait-elle pour sa décharge un inventaire détaillé de ces manuscrits? Cela peut avoir lieu aujourd'hui; mais je crois pouvoir affirmer qu'il n'en était pas ainsi à l'époque de l'achat du *Cancionero de Baena.* Or, suivons bien ceci, et voyons quels arguments fournirait le manuscrit qui nous accupe et qui est l'un des volumes *les plus précieux* de la Bibliothèque nationale, puisqu'il est unique, à ceux qui voudraient accuser l'administration. En effet, on lit sur le premier folio de garde du manuscrit au crayon, écriture et chiffres anglais : *L. 100* (c'est, en livres sterling, le prix probablement que le paya Heber), et sur le second folio de garde, d'une écriture que je crois celle d'un des conservateurs de la Bibliothèque nationale, trois lignes à l'encre : « *Déficit à la premiere colonne gauche du feuillet 162. Acheté dans cet état.* » Voilà tout. On pourrait donc soutenir que, puisqu'on n'a remarqué que ce déficit, qui consiste dans la mutilation d'une partie du folio, c'est qu'il n'y en avait *pas d'autres à cette époque.* Or le catalogue de la vente Héber signale lui-même l'enlèvement de deux autres feuillets; et aujourd'hui nous constatons l'absence de *six !...* Evidemment ce manuscrit dont la réputation était si grande parmi les amateurs, qu'on croyait que l'Angleterre ne le laisserait jamais partir et que plusieurs de ses bibliophiles couvriraient toutes les enchères, fût-ce à prix d'or, a dû être parcouru par les acheteurs avant le solde. S'il y avait des lacunes autres que celles indiquées par le catalogue de vente, ils ont dû s'en apercevoir et les constater.

Où est la preuve de cette constatation? Et comment l'état actuel du manuscrit est-il en opposition avec la description détaillée, si complète, et que nous avons tout lieu de croire exacte, du catalogue de vente? C'est ce que je ne me charge pas d'expliquer.

Disons seulement que le *déficit* mentionné au folio de garde, s'il n'était constaté que par les trois lignes du conservateur serait très mal signalé (1), et qu'une pareille mention serait très peu concluante;

<hr/>

(1) Remarquons bien que, d'après la législation adoptée depuis peu à la Bibliothèque nationale, d'après la note du conservateur que je viens de citer, si un amateur se trouvait en possession des deux feuillets qui manquaient au manu-

car enfin qui démontrerait, sans le catalogue de vente, que ce n'est pas bien postérieurement à l'achat que ce *déficit* aurait été commis, et que le conservateur s'en apercevant un jour aurait voulu couvrir tardivement par une note sa responsabilité (1)?

Mais ce sont là des discussions inutiles. Nous savons par le catalogue de vente qu'en 1836 il ne manquait que deux feuillets et une portion d'un troisième, à ce manuscrit. La preuve que ceci était exact, c'est que la vente s'est faite à un très haut prix, sans réclamation. L'annonce d'une imperfection grave dans le manuscrit, imperfection dont le catalogue n'eût point fait mention, aurait certes amené des réclamations ou une *revente* pour un achat si précieux. Or, la vente a été maintenue; il n'y a eu ni observations, ni récriminations : donc le catalogue était exact. Actuellement il manque à ce manuscrit les feuillets 6, 7, 37, 45, (131 ou 132 ou 133), 144, 162 (mutilé), 168, en tout six feuillets enlevés et un feuillet mutilé. C'est quatre feuillets de plus que n'en accuse le catalogue, quatre feuillets perdus par conséquent depuis que le manuscrit est entré à la Bibliothèque nationale, ou du moins, quatre feuillets desquels je serais heureux que les acquéreurs du plus beau monument littéraire de la Péninsule, eussent, pour leur propre décharge et avant toute possession, constaté l'absence, car, sans cela, des gens mal appris, ou tout simplement des gens sévères, pourraient accuser leur prudence d'alors ou leur surveillance d'aujourd'hui. Et l'Espagne donc !... l'Espagne que nous avons dépouillée, de seconde main, il est vrai, (ce qui est une triste justification), n'aurait-elle pas, au nom de sa gloire, au nom de ses vieux souvenirs, si odieusement traités, le droit de nous

crit longtems avant qu'il ne vînt en France, cet amateur pourrait être accusé de les avoir dérobés à la Bibliothèque nationale, tandis que cette bibliothèque croit posséder légitimement ce volume qu'elle a acheté d'après un catalogue où il est constaté que le *Cancionero* a été volé à l'Escurial !

(1) Ce *déficit* se compose des deux tiers d'une colonne du feuillet 162, qui ont été enlevés. Cette lacune a été faite par un vandale muni d'un canif, qui, en arrachant au folio 162, trois strophes de la *Cantiga de maestro Fray Diego de Nostando*, a coupé aussi, tant il appuyait fort, le folio 163, et a failli enlever à ce folio un morceau identique à celui qu'il volait au folio 162.

demander compte du cas que nous avons fait de l'un des plus beaux fleurons de sa couronne poétique ?...

Après avoir découvert, par accident, la mutilation du *Cancionero de Baena*, je dus à un autre hasard une découverte analogue dans un manuscrit non moins important. Parmi les manuscrits de la Bibliothèque nationale, sur lesquels mon savant ami M. le comte de *** (voyez l'avertissement, page VII), m'avait demandé quelques renseignements, était un manuscrit très précieux des poésies des troubadours, manuscrit magnifique, que Raynouard a cité dans son *Choix des poésies originales des troubadours* (tom. II, pag. CLVIII) et qui est célèbre pour avoir appartenu à Pétrarque et au cardinal Bembo, lesquels y ont fait, de leur main, des annotations marginales.

Voulant examiner ce manuscrit et n'en sachant pas le numéro actuel, (Raynouard ne l'indique que par l'*ancien numéro* qu'il portait au *Vatican*, — N. 3204), je le demandai génériquement d'après son contenu, en appuyant, pour mieux le signaler, sur sa provenance du Vatican. L'employé auquel je m'adressai commença, ce qui semble en effet assez naturel, par me dire que ce manuscrit avait été jadis rendu à ses légitimes possesseurs ; mais sur l'observation que je fis, 1° que postérieurement à l'époque des redditions de manuscrits, Raynouard avait signalé celui-là au tom II (publié en 1817) de son *Choix des poésies des troubadours*, comme étant encore à la Bibliothèque nationale; 2° que la personne pour qui je désirais y copier quelque chose, l'avait vu à l'un de ses voyages à Paris, vers 1840, on le chercha avec beaucoup de complaisance, et enfin on le trouva. Seulement (et je suis désolé d'être obligé de commettre cette indiscrétion, mais je ne recule devant rien quand je crois être dans le vrai et le juste), en me le remettant on me dit : « *Vous aviez raison ; ce manuscrit est bien du Vatican : nous l'avons gardé; mais il ne faudrait pas le dire; cela pourrait nous attirer des réclamations.* »

Mon Dieu ! je voudrais au prix de tout mon sang, que la France eût conservé ses conquêtes; qu'elle dormît appuyée, la tête au seuil de Saint-Pierre, les pieds à l'autre extrémité du monde; mais les destins ont prononcé et j'avoue que cette recommandation : *Il ne faudrait pas le dire*, me paraît d'une probité assez douteuse, d'une conscience peu sûre de son droit.

Quoi qu'il en soit, voici la description de ce manuscrit :

Au Vatican, il portait le n° 3204 ; il est aujourd'hui à la Bibliothèque nationale sous le N° 2032 du *Supplément français*.

On lit au haut de la première page d'une écriture qui date au moins d'un siècle : *Poesie di cento venti poeti provenzali, tocco nelle margini di mano del Petrarca et del Bembo, in perg. in fogl.*

Au bas de cette même page, on lit : *Ricuperato di 14 oct.* 1815, signé *Grimasi* ou *Grimafi*.

Plus bas, il y a : *Dalla biblioteca parigina ;* signé *Angeloni Frusinate* (de la ville de Frusinone).

Au dessous on lit cette autre et incroyable mention : *Richiesto da M. Langlei e riconosciuto non utile a l'Italia e prezioso per la Francia ; fu restituito alla biblioteca, ai 17 ottobre* 1815, signé *Grimasi.*

Ce manuscrit est à reliure papale ; en le parcourant avec soin, j'y ai découvert une lacune qui est peut-être *récente* ou *du moins moderne ;* c'est celle des feuillets 136 et 137 qu'on a coupés au ras des feuilles, si bien qu'il reste au plus une ligne ou deux de parchemin attaché au livre, mais cela suffit pour montrer à la couleur encore assez blanche de la coupure qui n'a pas eu le temps de devenir noire comme le bord extérieur des feuillets du manuscrit, que cette lacération ne remonte pas très loin. Il y a en outre une autre raison qui prouve que ces deux folios ont été enlevés après coup : c'est que leur absence interrompt la pagination. La lacération est donc postérieure à celle-ci.

Cet enlèvement existe entre une pièce sans nom d'auteur, après laquelle il y a une demi-page blanche (folio 135, *verso*) et la rubrique en rouge des poèmes de Savaries de Mauléon, formant, avec ces mêmes poèmes, le folio 138 recto.

Voici donc un manuscrit qui a appartenu à Pétrarque et au cardinal Bembo, un manuscrit qui contient des poésies écrites dans une langue cultivée en Italie pendant longtemps, et où se trouvent des pièces écrites en provençal par des poètes dont plusieurs sont *italiens*, déclaré *inutile à l'Italie* par une *commission* qu'on ne nomme pas et cela sur l'assertion assez véreuse d'un M. Grimasi (qui ne sait pas même écrire le nom de Langlès), d'un homme de paille, d'un domestique peut-être. On sait en effet que monseigneur Marini et Canova furent envoyés à Paris par le gouvernement pontifical pour reprendre les manuscrits, et les objets d'art enlevés à l'Italie; mais personne n'avait reçu pouvoir de laisser en France comme *objets inutiles*, des manuscrits de cette importance. C'est à la suite de cette belle transaction dont le détail serait sans doute curieux à connaître, car elle doit avoir donné lieu à quelque article secret, que ce manuscrit, rendu à l'Italie en vertu des traités, le 14 octobre, fut repris par la France *trois jours après* et qu'il est resté au pouvoir de la Bibliothèque nationale !...

Que contenaient les deux feuillets qui ont été enlevés? Je ne crois pas que ce fussent quelques pièces d'un poète provençal, car au catalogue qui existe en tête du manuscrit, et qui est tracé de la même main que celui-ci, il y a, après le folio 135, un temps d'arrêt qui va jusqu'au folio 138; mais qui nous dit qu'on ne lisait pas là, soit un long commentaire de Pétrarque, (dont les autographes sont si rares et si recherchés), soit une page du Bembo; soit enfin, comme dans le *cancionero de Baena*, comme dans ce volume même des troubadours aux premières pages, quelqu'un de ces beaux folios rubriqués en rouge, qui se trouvent presque toujours dans les manuscrits de ce genre, en guise de préface et pour ornement, à la tête d'une série de poètes ?....

Raynouard, à l'endroit que nous avons cité, dit que ce manuscrit dont il s'est occupé beaucoup et qu'il a examiné pièce à pièce, se compose de *185 feuillets*. C'est effectivement le nombre de feuillets qui devait exister avant la mutilation. Tout semble donc prouver que cette lacune a dû être faite depuis 1817, époque de la publication du second volume de l'ouvrage de Raynouard.

Pour compléter cette curieuse notice et pour montrer ce que valent quelquefois les assertions des gens (érudits ou non) qui signalent l'existence de certaines pièces et de certains volumes dans telles ou telles bibliothèques, je rapporterai ici que M. Valery, ancien bibliothécaire du

Louvre, déclare dans son *Voyage en Italie* (Paris, 1838, 3 vol. in-8°) *qu'il a vu au Vatican* ce manuscrit des troubadours avec des *notes de Pétrarque et de Bembo*, manuscrit qui depuis plus de cinquante ans est resté invariablement à la Bibliothèque nationale ! (Voyez *Valery, Voyage en Italie*, tome III, pages 31-32).

Les mutilations que j'ai découvertes dans le manuscrit de Baena, dérobé à la Bibliothèque de l'Escurial, et dans le *Recueil des Troubadours*, non rendu au Vatican, me firent concevoir le soupçon, malheureusement trop fondé, qu'indépendamment des recueils d'autographes dont j'ai déjà parlé, d'autres manuscrits précieux de la Bibliothèque nationale avaient pu être mutilés ; mais comment se lancer, sans autre raison qu'un intérêt de curiosité, dans l'examen de quatrevingt à cent mille manuscrits que renferme cet établissement ! Par où commencer et comment se guider dans ces recherches ?

Ne voulant point abandonner subitement ce que j'avais entrepris pour moi d'abord, mais qui en fin de compte intéressait après tout le public et l'Etat, je résolus de ne m'occuper que d'un petit nombre de manuscrits très précieux qui, par leur importance ainsi que par leur grande valeur, avaient dû être et avaient été, sans aucun doute, l'objet d'une surveillance spéciale. De l'état dans lequel je trouverais ces manuscrits, il serait facile de déduire celui d'un nombre beaucoup plus grand de volumes sur lesquels l'attention des conservateurs ne pouvait être dirigée que d'une manière fort subalterne. En lisant le récit des découvertes aussi pénibles que nombreuses que j'ai faites en quelques séances seulement, dans un petit nombre de manuscrits, on comprendra tout ce qu'un examen plus sévère et plus étendu pourrait révéler de dilapidations accumulées depuis un siècle, non seulement à la Bibliothèque nationale, mais encore dans la plupart de nos établissements publics.

Je savais, *de visu*, pour les avoir maniés en deux voyages différents, qu'il existe, au *British Museum*, plusieurs volumes formés de fragments tirés des plus précieux manuscrits, et dont quelques uns proviennent évidemment de la Bibliothèque nationale. Ces fragments se trouvent dans la célèbre collection Harléienne, formée, il y a plus d'un siècle, par ce même comte Harley qui restitua si généreusement à l'ancienne Bibliothèque royale, trente-cinq feuillets dérobés par le Dauphinois Aymon, au commencement du dix-huitième siècle. Le catalogue des manuscrits grecs, imprimé en 1740, fait, à propos du manuscrit grec, N° 107, mention, dans les termes les plus pompeux, de cette *munificence* de lord Harley, et il est plus que probable que, si l'ancienne administration de la Bibliothèque royale s'était donné la peine de rechercher avec soin quels étaient ces manuscrits qu'Aymon avait mutilés et d'en instruire lord Harley, ce célèbre collecteur aurait rendu à cet établissement les autres fragments qu'il avait achetés de bonne foi, et particulièrement les *treize* admirables feuillets arrachés à la bible de Charles-le-Chauve, qui se voient dans le manuscrit Harléien, N. 7551 du *British Museum*. Or, non seulement l'administration de la Bibliothèque royale n'a jamais fait ce travail ; mais, lorsque l'occasion s'en est présentée, elle a déclaré ou laissé déclarer par ses employés, sans élever aucune réclamation, que ce qu'avait enlevé Aymon, était rentré *peu à peu* à la Bibliothèque, *les morceaux ayant été rendus* (1). D'ailleurs, depuis que ces objets sont sortis des mains de lord Harley pour entrer au *British Museum*, les restitutions pures et simples ne sauraient avoir lieu. Rien ne pourrait se faire sans un acte du Parlement, et, je crois savoir, qu'au lieu d'entrer en négociation pour recouvrer ces précieux fragments, certains fonctionnaires de la Bibliothèque royale ont laissé sans réponse des communications officieuses qu'ils ont reçues à ce sujet du *British Museum*.

Quoi qu'il en soit, puisque ces fragments existaient à Londres, la plupart avec une ancienne numération et d'autres marques propres à faire reconnaître de quel manuscrit ils avaient dû sortir, j'ai pris ces fragments pour guide de mes recherches. Je me suis donc procuré le *fac-simile* de quelques uns d'entre eux, et particulièrement de la numération des feuillets dont ils sont formés. Je dois dire que cette numération, ou pour mieux dire ces diverses numérations, dont j'ai trouvé les formes identiques dans quelques uns des plus beaux manuscrits de la Bibliothèque nationale, m'ont, ainsi que d'autres signes

---

(1) Voyez un très long article (*Bibliothèque du roi*) de M. A. Champollion dans le tome VI (pages 95-127) du *Dictionnaire de la Conversation*.

caractéristiques, donné la certitude que ces fragments ont été enlevés
à notre Bibliothèque. Si je n'ai pas retrouvé immédiatement les manuscrits eux-mêmes, avec leurs lacunes, cela tient à la difficulté, à
l'*impossibilité absolue* que j'ai rencontrée pour examiner certains volumes, au sujet desquels on m'a répondu qu'ils étaient à la *réserve*
(il y a, depuis peu, une *réserve* aux manuscrits, comme aux livres
imprimés), et que personne ne pouvait les voir qu'en se faisant précéder de la croix et de la bannière, c'est-à-dire avec un ordre individuel du ministre, sans lequel, fussiez-vous l'empereur de la Chine en
personne, il n'est au pouvoir d'aucun conservateur de vous les montrer. Cette prescription qui me rappela le mot si juste de Voltaire,
sacrés ils sont, car personne n'y touche, m'a paru assez bizarre; j'espère néanmoins, avec ou sans goupillon ministériel, et bien qu'ils
soient actuellement au *carcere duro*, examiner plus tard les manuscrits en question.

Pour peu qu'il me soit loisible d'y mettre seulement le bout du nez,
je me fais fort d'apprendre à la Bibliothèque nationale elle-même, et
cela au premier flair, dans quel volume du Musée britannique se trouvent tels et tels fragments qu'elle regrette peu ou prou; à quelle
époque, de qui, comment et combien nos voisins les ont achetés.

J'en ferai autant si M. le directeur de la Bibliothèque nationale ne
s'y oppose, pour tous ceux qui sont précieusement conservés à Oxford,
à Cambridge, à La Haye, etc. Cependant je ne suis ni administrateur,
ni conservateur, ni bibliothécaire, ni employé, ni même surnuméraire de quelque espèce de Bibliothèque, ou d'archives que ce soit.
Je ne suis qu'un pauvre hère, à la *solde des idées*, comme a écrit,
quelque part M. de Lamartine, ce qui, par le temps où nous sommes,
ne constitue pas essentiellement un revenu de nabab; mais je n'en
connais pas moins à fond la plupart des grandes bibliothèques de l'Europe, et je serai trop heureux de mettre le peu que je sais sur elles,
au service des demandes en restitution dans lesquelles paraît vouloir
s'engager (probablement sans aucune stipulation synallagmatique), la
Bibliothèque nationale.

En attendant, voici les découvertes que j'ai faites, en quelques jours seulement, et tout en travaillant à autre chose, dans les fonds grec et latin.

J'ai parlé tout à l'heure du manuscrit *greco-latin* N° 107 (décrit au catalogue imprimé, tom. II, pag. 19), qui avait été mutilé par Aymon, et à propos duquel ce catalogue dit que les 35 feuillets dérobés avaient été restitués par lord Harley (1). Dans un article cité plus haut et publié en 1833 par un employé de la Bibliothèque royale, il est dit avec raison que ce même manuscrit est *l'un des plus précieux et des plus anciens manuscrits grecs*, et l'écrivain ajoute que *35 feuillets de ce précieux volume furent coupés dans le* XVIIe *siècle* (il fallait dire au commencement du XVIIIe) par le renégat Aymon; et *rachetés* (lisez rendus gratuitement) *plus tard* (2).

Ce manuscrit si célèbre et si précieux avait pour moi encore un intérêt de plus. Dans sa lettre à M. Libri (page 24), M. Naudet le cite particulièrement dans les termes suivants :

« L'indiguation (indignation à propos des volumes composés des di-
« vers fragments qui se trouvent au *British Museum*, et dont je viens
« de parler) ne me rend point injuste, et je ne veux pas laisser igno-
« rer (3) ce trait généreux de lord Oxford et Mortimer envers la
» France. Lorsqu'il eut appris que 34 feuillets, qu'il avait achetés
« fort cher, provenaient du fameux manuscrit des *Épîtres de saint*
« *Paul*, mutilé par ce misérable Aymon, dont vous parlez et dont je
« vous épargne, en ce moment, l'histoire, il les rendit à la Bibliothè-
« que du Roi. Et les bibliothécaires ont inscrit son nom dans leurs
« annales. Laissons maintenant à la loyauté de la vieille Angleterre,
« le choix, entre nos deux récits, de ce qu'elle entend de préférence

(1) Voici en quels termes le catalogue constate ce fait :
« Ex illo exemplari triginta quinque folia nefario cujusdam scelere aliquot ab
« hinc annis avulsa sunt, quæ comitis Oxoniensis Harley, suo in litteras amore
« celeberrimi, munificentiâ, in pristinas sedes rediere. »
Ainsi s'exprime le catalogue de la Bibliothèque du roi, imprimé en 1740, et il ajoute que Montfaucon faisait remonter au VII siècle ce précieux manuscrit en lettres onciales.

(2) *Dictionnaire de la Conversation*, tome VI, page 100.

(3) Comme on l'a vu, grâce au catalogue imprimé, grâce au *Dictionnaire de la Conversation*, etc., ce fait que M. Naudet *ne veut pas laisser ignorer*, est connu de tout le monde, et depuis 1740, il a été publié partout.

« avouer, ou le procédé de lord Oxford et Mortimer, ou le ramassis
« de *lambeaux arrachés* aux livres du continent (1). »

Si bien renseigné, au sujet de ce manuscrit, par M. le directeur
de la Bibliothèque nationale, je demandai avec une entière confiance
le manuscrit qui, naturellement, après une première mutilation, et
surtout après la restitution généreuse de *lord Oxford et Mortimer*,
avait dû devenir l'objet d'une surveillance très sévère. J'étais persuadé qu'on allait me répondre qu'il était enseveli dans les limbes de
la *réserve*; mais point : mon attente fut trompée, et mon savant ami
M. Miller, à qui je m'adressai, me le donna immédiatement.

Ce que rien ne saurait peindre, ce fut mon étonnement, lorsque
je reconnus au premier coup d'œil que les *trente-cinq* feuillets (et
non *trente-quatre*, comme dit M. Naudet), restitués par le comte
Harley, n'étaient pas dans le manuscrit et qu'ils *avaient disparu de
nouveau!* Après avoir compté *dix fois* toutes les pages, et vérifié

---

(1) Il y a ici une confusion très singulière. Les *ramassis de lambeaux* qui
excitent à un si haut point la colère de M. Naudet et l'engagent à adresser une
si belle invocation à l'Angleterre, font justement partie de la collection du
comte Harley (c'est la même personne que M. Naudet appelle lord Oxford et
Mortimer); ils ont été réunis de son temps, classés par ses ordres, et il valait encore bien mieux les mettre en volumes que de les laisser s'éparpiller et disparaître, comme on eût fait à la Bibliothèque du roi en pareil cas. Les pages qui
suivent celle-ci vont en donner la preuve. J'ai dit plus haut et je maintiens cette
assertion, que le comte Harley (cela est traditionnel en Angleterre) aurait rendu
à la Bibliothèque royale les autres fragments qui lui avaient été dérobés, si cet établissement avait pu les lui faire connaître; mais comment la Bibliothèque l'eût-elle
fait alors? Elle ne sait point encore exactement à l'heure où je parle, ce qui lui
manque, et aucun de ses administrateurs ne semble être donné jusqu'ici la peine
de le chercher sérieusement. Cela résulte de leurs inexactitudes dans ce que je
viens de citer, et du récit donné en 1782, dans l'*Essai historique sur la Bibliothèque du roi* (pag. 74-80), récit où il est dit : « En faisant cette recherche (des ma-
« nuscrits volés), M. Clément n'avait jugé du vol que par l'extérieur du livre, et
« n'avait pas songé au ravage qu'Aymon pouvait avoir fait dans l'intérieur de
« plusieurs. Il fut aussi surpris qu'affligé lorsqu'on lui fit remarquer, *quelques*
« *mois après*, les feuillets qui avaient été arrachés ou coupés dans différents ma-
« nuscrits, surtout dans celui qui passe *pour le plus rare et de l'antiquité la plus
« vénérable, les Épîtres de saint Paul en grec et en latin, écrites en lettres d'or
« et qu'on croit des premiers siècles de l'Église* : il y manquait *trente-cinq feuil-
« lets.* » — Ce récit est tiré mot à mot des *Mémoires historiques* placés en tête
du tome Ier du *Catalogue des livres imprimés de la Bibliothèque du Roi*, p. XLVIII.
Il prouve que M. Clément n'était pas très perspicace.

une à une toutes les lacunes, je dus forcement me convaincre de ce
fait incroyable. Supposant, en désespoir de cause, (ce qui était pourtant improbable), que ces feuillets si précieux rendus depuis plus d'un
siècle, avaient pu être oubliés dans quelque carton, ou laissés dans
quelque coin, je m'adressai au conservateur chargé spécialement des
manuscrits grecs, en le priant de me dire si, à sa connaissance, il n'y
avait pas à la Bibliothèque, dans quelque endroit réservé, un portefeuille ou un carton quelconque renfermant des fragments de manuscrits. Je le priai, dans une conversation assez longue, de me dire s'il
n'existait pas un recueil de fragments divers, retrouvés ou rendus,
ayant appartenu à des manuscrits mutilés, ou dont la reliure aurait pu
laisser échapper quelques folios. Ce conservateur, qui n'est autre que
l'excellent M. Hase, me répondit qu'il ne connaissait rien de sem-
blable, que rien de pareil n'existait à la Bibliothèque nationale, et
qu'on n'y avait jamais fait collection de folios détachés.

Que sont devenus les trente-cinq feuillets du comte de Harley ? Où
ont-ils passé ? Comment se fait-il qu'ils n'aient pas, après leur restitution, été remis immédiatement en place dans le manuscrit ?... Ont-
ils été volés de nouveau et à quelle époque ? N'ont-ils point été *vendus*
plutôt, par ignorance de leur valeur et de leur provenance, à l'époque
où M. Dacier avait été *autorisé* à se défaire de tout ce qui lui paraissait inutile dans les chartes, parchemins, vieux papiers, etc., et où, par
conséquent, on se débarrassait comme de choses sans conséquence,
des autographes de Molière, ce qui, soit dit en passant, rappelle parfaitement ce préfet de Perpignan, lequel, bon ménager, donnait à sa
femme, pour en couvrir ses pots de confiture, les actes les plus importants des archives du Roussillon ?... Je l'ignore; mais je n'empêche
personne de supposer ce qu'il voudra : le champ est ouvert aux con-
jectures; ou plutôt je me trompe, le champ est clos, au contraire,
tout ce qu'il y a de plus clos, et le second enlèvement de ces feuillets
ne peut qu'être postérieur à 1833, puisqu'à cette époque, un honorable employé de la bibliothèque parlant, comme nous l'avons vu, de
ce précieux volume, dans *le Dictionnaire de la conversation*, le donnait pour complet. Je ne doute pas, pour mon compte, qu'il n'ait
auparavant vérifié le fait.

Quoi qu'il en soit de la nouvelle disparition des feuillets du comte Harley, qu'elle soit tout-à-fait récente ou ancienne, peu nous importe. Ce qu'il de grave, ce qu'il y a malheureusement de certain, c'est que les trente-cinq feuillets manquent. Si lord Harley a laissé des successeurs, nous les conjurons de renvoyer de nouveau ces fragments à la Bibliothèque royale qui, avertie par une double expérience, fera cette fois, nous l'espérons, bonne garde sur eux.

Voici maintenant la description du manuscrit qui nous occupe.

N° 107, in-4°, *ancien fonds*, manuscrit greco-latin du septième siècle, en lettres onciales, contenant les épîtres de saint Paul.

Il y a, collé sur le folio de garde, à gauche, une espèce de catalogue assez moderne, au bas duquel est écrit, de la même main que le catalogue : *manuscrit gasté par Aymon, qui en a coupé trente et un feuillets.* Une main beaucoup plus récente a ajouté : *Ou plutôt trente-cinq.*

C'est bien là, en effet, le nombre de feuillets absents. Les voici désignés par leur numération. Ils formaient, dans le manuscrit, les folios 146, 147, 148, 149, 150, 173, 174, 178, 179, 205, 206, 332, 333, 334, 335, 336, 337, 338, 357, 358, 384, 385, 449, 450, 451, 452, 453, 454, 455, 456, 457, 458, 459, 460, 461. En tout *trente-cinq*, et non trente-un comme dit le catalogue de tête, ni trente-quatre comme dit M. Naudet.

J'ai remarqué en outre : 1° au folio 120, une interpolation ou du moins un feuillet pour un autre. La personne qui a tracé la pagination n'y a point fait attention, et la numération se suit; 2° les folios 312, 313, 314, 315, 316, 317, sont reliés à l'envers, c'est-à-dire *que le texte a la tête en bas,* mais la pagination se suit. Ce sont là des circonstances bizarres qui, lors de la restitution des trente-cinq feuillets, auraient dû engager la Bibliothèque : 1° à les remettre dans le manuscrit; 2° à faire emboîter de nouveau, en conservant son ancienne reliure, cet inestimable débris des vieux âges.

Enfin, ce que la description imprimée du catalogue ne donne pas, c'est cette mention qui se trouve en tête du folio de garde à gauche, et qui a bien aussi sa valeur, bibliographiquement parlant : *Casaubonus Josepho Scaligero, an. MDCI.*

En présence de l'indifférence montrée depuis longtemps par les administrations successives de la Bibliothèque au sujet de ce manuscrit, voilà tout ce que j'en veux dire. J'ajouterai que c'est à l'autorité à rechercher comment et par qui ces 35 feuillets volés d'abord par Aymon et restitués par lord Harley, ont été enlevés de nouveau, et à quelle époque cela a pu avoir lieu. Les deux notes placées en tête du volume et que je viens de mentionner, pourraient faire croire qu'après le retour des 35 feuillets d'Angleterre, on en a revolé 31 d'abord et ensuite 4 autres, dont l'absence a été constatée à une époque plus récente ; mais comment concilier cela avec l'article du *Dictionnaire de la Conversation*, et surtout avec la lettre toute récente de M. Naudet à M. Libri, où l'on parle de ce manuscrit sans affirmer qu'il est complet, mais sans dire aussi qu'il ne l'est point ? C'est peut-être ici le cas de répéter ce vieux dicton : — « Si j'y comprends un mot, je veux être pendu. »

Voici un autre exemple de mutilation non moins déplorable.

Le manuscrit le plus rare et le plus précieux qui soit à la Bibliothèque nationale, c'est, aux yeux de la plupart des érudits et des hellénistes, le n° 9 de l'ancien fonds grec, connu généralement sous le nom de *manuscrit de saint Ephrem*. Ce volume précieux, d'après le catalogue imprimé de la Bibliothèque nationale, provient de la Bibliothèque des Médicis. C'est encore un de ces livres qui, on ne sait comment, mais d'une manière peu loyale sans doute, et qui, si la Bibliothèque du Roi suivait ses propres doctrines, l'obligerait à restitution, sont sortis d'une collection publique pour entrer dans une autre.

Ce manuscrit a été l'objet des études et de l'admiration des plus célèbres érudits, parmi lesquels il suffira de mentionner Lamy, Montfaucon, Boivin. Récemment encore, M. le professeur Tischendorf, de Leipsick, s'est occupé avec un soin particulier de ce manuscrit, et il a fait prendre par un habile artiste, M. Lepelle, un *fac-simile* aussi exact que possible, du feuillet 138 de ce magnifique volume. Ce qui donne, entre autres choses, un prix si grand à ce livre, c'est qu'il est, à ce qu'assurent les hommes spéciaux, le premier palimpseste dont on ait fait la découverte. On sait qu'on appelle *palimpsestes*, certains manuscrits qui sont généralement très anciens, et dans lesquels à une époque où le parchemin était rare et cher, d'ignorants copistes ont effacé, par des grattages ou autrement, l'ancienne écriture, pour tracer sur ce même parchemin des ouvrages plus modernes. Avec une grande patience et à l'aide de procédés particuliers, des savants dont les lettres garderont toujours le souvenir, ont pu lire l'ancienne écriture disparue d'abord sous des lavages ou des grattages, et cachée ensuite sous une écriture plus moderne. C'est dans un de ces palimpsestes que le cardinal Maï a pu découvrir, assez récemment, le fameux traité de la République de Cicéron qui était perdu et dont la publication produisit tant de sensation en Europe. On conçoit donc toute l'importance que les savants attachent au manuscrit de saint Ephrem lequel, comme je viens de le dire, est le premier palimpseste connu. C'est, en fait de manuscrit, qu'on me permette cette comparaison empruntée à l'art, ce qu'est en fait de statues l'Apollon du Belvédère. Aussi, par extraordinaire, ce manuscrit est-il décrit feuillet par feuillet dans le catalogue imprimé des manuscrits de la Bibliothèque du Roi (tome II, pag. 2-7), où sa description occupe six grandes pages in-folio. Parmi ces feuillets ainsi décrits par le catalogue, se trouve le folio 138, sur lequel (dit le catalogue, pag. 3,) on avait gratté les chapitres V et VI de l'Ecclésiaste. C'est ce feuillet 138, précisément, dont M. Lepelle a exécuté le fac-simile à la demande de M. Tischendorf, il y a peu d'années. J'ai entre les mains un exemplaire de cette magnifique reproduction qui prouve que le feuillet était, naguère encore, à sa place. Or, ce folio a *disparu* comme il est facile de s'en convaincre, en examinant le manuscrit. C'est là une perte très grande, si je ne me trompe, et qui sera vivement sentie par tous les érudits. Cette triste disparition, quand je fus assez malheureux pour la constater, ayant renouvelé toutes les angoisses que j'avais éprouvées à propos du deuxième enlèvement des 35 feuillets de lord Harley, je pris, auprès d'un autre employé du département des manuscrits, les mêmes informations que j'avais prises auprès de M. Hase, à propos du manuscrit grec 107, et j'obtins la même réponse. Il est malheureusement constant que le folio 138 du manuscrit de saint Ephrem, n'est ni détaché du manuscrit et mis à part, ni placé dans une collection de fragments, comme à Londres; il a disparu complètement, et nul à la Bibliothèque, pas même M. le directeur en personne, ne saurait donner à cet égard, le moindre renseignement. Le fait est, qu'à l'heure où paraît cette brochure, on ignore aussi entièrement que possible, dans l'établissement de la rue Richelieu, les nombreuses soustractions qui sont signalées ici et qu'un employé supérieur de la Bibliothèque ayant voulu communiquer à l'administration quelques renseignements particuliers sur un vol d'autographes précieux, en fut vertement tancé et fort mal reçu. Tant il est vrai qu'il ne faut jamais troubler la quiétude de personne, ni déranger l'honnête homme qui dîne!... C'est une si belle chose qu'un bon sommeil et une digestion paisible!...

Une série de manuscrits qui dans toutes nos bibliothèques publiques, ont été fort maltraités et qui ont subi de la part d'iconoclastes inconnus, de nombreuses mutilations, ce sont les manuscrits à miniatures. En effet, pour apprécier ce genre de richesse, il n'y a pas plus besoin d'intelligence que pour être électeur selon M. Carnot; il suffit d'avoir des yeux et sans doute aussi des oreilles.

Or, tout le monde sait qu'il y a des gens qui font collection de vignettes tirées des manuscrits, d'initiales ou lettres ornées, d'encadrements peints, d'anciennes écritures, d'ancienne musique, etc. Il en résulte que les livres contenant des miniatures et les manuscrits contenant de la musique, ont été souvent mutilés à la Bibliothèque nationale ainsi qu'ailleurs. J'en ai des preuves incroyables, mais comme je n'en finirais pas si je voulais tout citer, je ne donnerai que quelques exemples et j'aurai soin de les tirer de manuscrits d'une grande valeur, afin de bien prouver la vérité de cette assertion que les voleurs sont à la fois gens de goût et d'habileté.

En premier lieu, je signalerai le N° 216 des manuscrits grecs, (ancien fonds), relié aux armes de Henri IV, et sorti aussi de la Bibliothèque des Médicis. Ce manuscrit d'un auteur qui remonte au commencement du dixième siècle, est surtout remarquable par son élégance calligraphique, et par les figures admirables, (croix, chandeliers, colonnes, petits temples, etc.), que forme l'écriture dans les scholies de la marge.

Le catalogue imprimé parle de ces figures avec le plus grand éloge
(tom. II, pag. 33.). Or, pour les posséder un mutilateur, à une époque
peut être éloignée, a coupé les marges aux folios 80, 87, 125, 133,
134, 167, 199, 231, 232, 244, 277, 285, 305, 306, 307.

Depuis, on a raccommodé ces marges avec du parchemin dont
la fraîcheur indique que cette opération est assez récente ; mais il
n'en est pas moins vrai que quelqu'un pourrait être détenteur de ces
fragments de très bonne foi.

Le n° 277, également de l'ancien fonds grec, que le catalogue
fait remonter vers l'année 754, est un des plus beaux manuscrits de
la Bibliothèque nationale. Il contient de l'ancienne musique grecque
et il est paginé. Entre le folio 25 et le folio 26, on a enlevé un feuillet
avant la pagination, et l'on a coupé à coups de canif qui paraissent
assez récents, la moitié du texte du folio 30 et la moitié d'une colonne
au folio 79.

Ces enlèvements faits dans les manuscrits avant la numération,
peut-être même au moment où cette numération s'effectuait, sont
très fréquents. Dans le manuscrit grec N° 65, les souches nombreuses qu'on rencontre entre les feuillets, donnent à penser que le
manuscrit a été mutilé. Ajoutons qu'il y a entre le folio 117 et le
folio 118 un feuillet non numéroté.

On pourrait faire des remarques analogues sur le manuscrit grec
N° 62 qui a appartenu à Diane de Poitiers.

Je terminerai cette énumération par l'indication de quelques mutilations dont les plus beaux manuscrits bibliques de la Bibliothèque
nationale ont eu à souffrir. On sait que l'ancienne bible de Charles-
le-Chauve, appartenant à cette classe de manuscrits, a perdu, il y a
plus d'un siècle, treize feuillets qui sont en Angleterre. S'il m'avait
été permis d'examiner quelques uns des manuscrits qui sont en tête
de cette catégorie, il est probable que j'y aurais constaté des mutilations du même genre ; mais ils sont, m'a-t-on assuré, à la *réserve*.
Néanmoins, je dirai que dans la bible n. 5, ancien fonds latin, beau
manuscrit du Xe siècle, on a coupé et enlevé une miniature au
folio 104, en emportant, du même coup, le texte de l'autre côté.

Le N° 6 du même fonds, magnifique bible du Xe siècle également, en quatre volumes, qui a appartenu au maréchal de Noailles, a été mutilé d'une manière indigne. La première feuille qui contenait une très belle miniature, a été enlevée en grande partie. On s'est emparé, en les découpant, de diverses miniatures aux folios 5, 7, 9, 27, 44, etc. du premier volume. On a fait de même au tome second. Il faut remarquer que ce manuscrit n'est paginé qu'aux folios contenant des miniatures, et que cette numération a semblé diriger le voleur de vignettes et d'initiales historiées, dans ses recherches. Si l'on devait en juger par la fraicheur des coupures, ces mutilations seraient assez récentes.

N° 8, ancien fonds latin. Cette belle bible, du Xe siècle, a été mutilée à coups de canif, à une époque qui paraît peu éloignée.

Aux folios 25, 122, 128, 187, 191, 208, on a enlevé des initiales ainsi que des miniatures. Pareil malheur a failli arriver au folio 171 ; l'initiale, qu'on a coupée dans ce feuillet, tient encore ; mais d'un seul côté. Le voleur, dont on voit partout des coups de canif saccadés et donnés à la hâte, a eu peur sans doute au moment où il procédait à ce dernier enlèvement, et il s'est arrêté. Ce qui prouve que ces mutilations sont assez récentes, c'est qu'aucune d'entre elles n'est indiquée au catalogue. Si elles eussent existé alors, les rédacteurs n'auraient point manqué de les signaler, un catalogue n'étant, selon moi, autre chose qu'un inventaire exact, même des défectuosités.

Je n'ai nullement l'intention de traiter à fond les questions qui se rattachent aux mutilations que je viens de signaler, ainsi qu'à la disparition des autographes les plus précieux de la Bibliothèque nationale ; mais je ne saurais m'empêcher de dire un mot sommaire à propos de certains faits du plus haut intérêt sur lesquels je puis donner des renseignements puisés, comme on le verra, aux meilleures sources.

Voici à quoi je fais allusion :

On sait tout le bruit qui a eu lieu à propos d'un autographe de Molière acheté d'abord par M. Campenon à l'ancienne administration de la Bibliothèque royale, cédé ensuite par celui-ci à M. Lalande, et mis en vente quelques années plus tard par M. Charon marchand d'autographes. Réclamé par l'administration de la Bibliothèque royale qui affirmait *ne pas l'avoir vendu*, l'autographe a été (après un premier jugement qui déboutait cette administration de sa demande), restitué en 1846 à la Bibliothèque, par suite d'un arrêt de la Cour royale qui déclarait :

1° Que ledit autographe ayant été mentionné par M. Taschereau, en 1825, comme appartenant à la Bibliothèque royale, il fallait considérer ce dernier fait comme constant ;

2° Que les ouvrages manuscrits, plans, autographes et autres objets appartenant à la Bibliothèque royale, sont *inaliénables* et *imprescriptibles*, etc.

On a vu plus haut, à propos du manuscrit des poésies des troubadours que M. Valery dit avoir rencontré au Vatican, tandis que ce manuscrit était à Paris, et l'on verra plus loin, à propos d'un autre sujet non moins important, qu'il ne faut adopter quelquefois qu'avec réserve et sous bénéfice d'inventaire, les assertions des bibliographes, lorsqu'ils affirment qu'un livre ne se trouve pas, ou qu'un manuscrit se trouve dans telle ou telle Bibliothèque.

Nous renvoyons au *Moniteur* du 28 juillet 1845, à la *Lettre de M. Naudet à M. Libri* (p. 23-26) ainsi qu'aux nombreux ouvrages sortis de la Bibliothèque royale qu'on trouve dans le commerce ou chez des particuliers (1) avec cette estampille : *Double vendu*, les personnes qui s'imagineraient naïvement, que parce que le tribunal a déclaré que *les ouvrages manuscrits, plans, autographes et autres objets appartenant à la Bibliothèque royale sont inaliénables*, on n'a pas vendu, échangé, cédé, aliéné de ces objets en grand nombre.

Il est vrai que dans sa *Lettre à M. Libri* (p. 26), M. Naudet re-

---

(1) Voyez, par exemple, le célèbre *Lancelot* du Lac, exemplaire de madame de Pompadour, qui porte le titre : *double vendu*, et que M. l'administrateur de la Bibliothèque nationale, auquel M. P. Lacroix l'offrait en pur don, n'a pas pu faire rentrer à la Bibliothèque, faute de savoir à quelle époque il avait été vendu ; (P. Lacroix, les Cent et une, 1re série, 2e livraison, p. 63 et suiv.) Voyez aussi le catalogue si curieux *de deux cent trois volumes provenant presque tous des bibliothèques de France et d'Italie*, adressés de Londres *avec les factures des libraires qui les lui ont cédés*, à M. le ministre de l'instruction publique, par M. Libri. (Lettre à M. de Falloux, p. 195 et 230.)

7

poussant les assertions positives de M. Feuillet de Conches sous-directeur au ministère des affaires étrangères, et de M. Fossé d'Arcosse, ancien magistrat, conseiller honoraire à la cour des comptes,
qui affirment que la bibliothèque avait vendu des autographes (ce dernier citait même quelques-unes des pièces qu'il avait achetées) ; — il
est vrai, dis-je, que M. Naudet déclarait hautement que « ces mes-
« sieurs doivent savoir ce que n'ignorent pas des enfants; — que le
« bureau d'un conservateur n'a jamais pu devenir un comptoir de
« marchand (1) ; — qu'on n'a jamais vendu aucune pièce, ou du moins
« qu'on n'a jamais pu en vendre légitimement de la main à la main,
« dans un département de la Bibliothèque ; — qu'il y a des formes
« établies pour les aliénations; mais par voie d'*échanges*, etc., etc. »

J'avoue que cette déclaration si nette, si formelle, me frappa vivement, et que je la trouvai d'un grand poids. Ce fut afin de la contrô-
ler (non que je doute, à Dieu ne plaise, de la véracité de l'honorable
M. Naudet ; mais tout le monde peut commettre une erreur, et écrire
une inexactitude), que je résolus de m'adresser, pour obtenir à cet
égard quelques renseignements, aux plus anciens employés de la Bibliothèque royale, à ceux qui, ayant devancé de trente ans M. Naudet dans cet établissement, doivent en connaître à fond, beaucoup
mieux à coup sûr que lui et moi, les vieux *us* et coutumes. Tous se
souvinrent parfaitement de ces ventes et furent d'accord non seulement sur leur réalité, mais sur leur publicité.

La Bibliothèque, en effet, ne s'administrait pas alors comme aujour-
d'hui. Tout se faisait un peu irrégulièrement peut-être, mais pater-
nellement. Les conservateurs y agissaient en bons pères de famille, au
mieux des intérêts de l'établissement, se souciant fort peu des règles de
la comptabilité, et si sûrs de leur conscience, que, comme après tout
il fallait cependant que la dépense de la Bibliothèque passât sous les
yeux de la Cour des comptes, ils allaient, quand ils avaient dépassé tel

---

(1) A la page 23 du même écrit, M. Naudet dit aussi : « Il est de toute noto-
« riété que l'administration de la Bibliothèque, et à plus forte raison un con-
« servateur en particulier, ne peut pas vendre une portion quelconque des col-
« lections acquises au service public. »

ou tel crédit, quand il y avait erreur, inexactitude en un point, jusqu'à simuler de fausses dépenses, jusqu'à faire figurer dans leurs
comptes des factures fictives. Je tiens le fait d'un ancien collègue de
M. Fossé d'Arcosse, qui a eu quelquefois de ces pièces entre les mains.
Aujourd'hui cela serait considéré comme très grave ; mais à cette
époque on n'y attachait pas une grande importance ; cela paraissait
tout simple, tant on était persuadé, et avec raison, que si la bonhomie
régnait dans cette manière d'agir, il en était de même de la probité.

« Après ce notable commentaire qui m'est échappé d'un flux de
caquet, je m'en retourne, » comme dit Montaigne.

Parmi les employés qui devaient, selon moi, être parfaitement au
courant de ce qui avait lieu jadis à la Bibliothèque, il faut mettre au
premier rang M. Duchesne aîné, conservateur du cabinet des estampes,
dont le nom a été cité publiquement en témoignage par M. Feuillet
de Conches (Lettre de M. Libri à M. de Falloux, p. 259-261), à
propos de la vente de pièces autographes niée par M. Naudet. M. Duchesne n'est pas seulement l'homme qui connaît le mieux l'histoire
de la gravure, le savant laborieux et modeste qui a mis en ordre et
classé la plus immense collection d'estampes de l'Europe ; c'est encore
un homme droit, véridique et parfaitement désintéressé dans la question. Je résolus de faire appel à ses souvenirs. Je lui demande pardon
de le mettre ainsi en scène sans avoir obtenu son assentiment ; mais
j'ai pris en sortant de chez lui bonne note de ses paroles, et je suis
certain de les citer ici d'une manière à peu près intégrale. Or, voici
ce que je tiens de sa propre bouche :

« Tout ce qu'a dit M. Fossé d'Arcosse, dans sa lettre réimprimée
« par M. Libri (lettre à M. de Falloux, p. 261-262), sur la vente
« des autographes effectuée à la Bibliothèque royale, est parfaitement
« exact. Seulement les demi-kilogrammes ne se vendaient pas 3 fr.,
« ni même 2 fr. 20 (p. 263) ; mais M. Dacier en céda à 38 sols,
« 2 francs, 42 sols, etc. Cela dépendait entièrement de lui et de son
« humeur. M. Dacier ne tenait d'autre compte du produit de ces
« ventes qu'une note sur un cahier de papier qui a disparu à sa mort.
« A mes instances pour qu'il eût une comptabilité moins personnelle
« et plus régulière, M. Dacier répondait en souriant, comme un

« bonhomme qu'il était : « Bah ! laissez donc ! quand j'étais à l'Acadé-
« mie, chez le secrétaire perpétuel d'alors, tous les ans, au premier
« janvier, le roi envoyait la bourse des jetons, pour l'année à venir.
« C'était un vieil usage. Chaque jour d'académie, le secrétaire allait
▪ aux séances, avec 20 à 25 jetons qu'il distribuait aux membres
« présents. A la fin de l'année je ramassais, moi, tous ceux qui res-
« taient, et je les emportais. C'était mon bénéfice particulier. »

Telles étaient les mœurs de nos pères. Que les nôtres vaillent beaucoup mieux, je le veux bien, pour nous faire plaisir ; mais de ce que
les premières n'existent plus, ce n'est pas une raison de croire et de
soutenir qu'elles n'ont jamais été pratiquées.

L'autographe de Molière ne fut réclamé par l'administration de la
Bibliothèque nationale qu'à l'aide d'une indication qui se trouvait
dans un ouvrage de M. Taschereau ; car cet autographe n'ayant jamais
été ni estampillé, ni catalogué, rien n'aurait prouvé, sans la mention
de l'éditeur de Molière, qu'il eût jamais appartenu à la Bibliothèque
du roi. Or, admirez la certitude des jugements humains. Il y a dans
l'*Isographie* le *fac-simile* d'un autographe de Raphaël avec une note
portant que cet autographe se trouve à la *Bibliothèque royale*, ou, par
parenthèse, il est parfaitement inconnu, car il n'y est jamais entré.
En attendant qu'à l'aide de cette note M. l'administrateur de la Bibliothèque nationale se fasse *restituer* cet autographe, je vais donner
l'historique de cette pièce, que je savais avoir disparu du dépôt qui la
contenait, mais que j'étais loin de supposer avoir éprouvé des aven-
tures aussi nombreuses que celles de la fiancée du roi de Garbe.

Ayant vu cet autographe mentionné dans l'*Isographie* comme appartenant à la Bibliothèque royale, et l'ayant demandé vainement au
département des manuscrits, je m'adressai à M. Duchesne, qui avait été
un des éditeurs de l'*Isographie*, pour obtenir le fin mot de cette affaire. M. Duchesne m'en raconta le fond et le tréfond avec beaucoup
d'obligeance, et il m'apprit que malgré l'assertion de son livre, la
précieuse page que je recherchais n'avait jamais appartenu à la Bibliothèque royale.

Arrivée à Paris, à la suite de nos guerres, avec les objets d'art pris à
l'Italie, cette pièce inappréciable devait entrer naturellement au Lou-

vre. Elle n'y fut point déposée, ou du moins n'y fit qu'une apparition, et passa dans la Bibliothèque d'un des conservateurs de ce palais. A sa mort on la trouva parmi ses autographes, et on allait la mettre en vente avec lesdits autographes, lorsque M. Dubois, depuis directeur du Musée égyptien, qui remplissait à cette vente les fonctions d'expert, et qui est mort il y a quelques années, fit observer au fils du défunt que, bien évidemment, cet autographe n'appartenait pas à son père, mais à l'État, à la nation, au musée du Louvre, et qu'il était de son devoir de le rendre. Celui-ci hésita, répondit qu'il verrait, et retira la pièce de la vente. Sur ces entrefaites, M. Duchesne, qui éditait alors l'*Isographie*, eut connaissance de ce débat et de l'existence de la pièce; il alla trouver le détenteur de cette dernière, se la fit prêter et la fit *lithographier* pour son livre. Quand il vint la remettre à la personne qui la lui avait communiquée, celle-ci le pria, pour éviter tout désagrément, de ne pas dire de qui il la tenait, ni à quel établissement elle avait pu appartenir. Ce fut alors que les éditeurs de l'*Isographie* mirent au bas de leur *fac-simile* que l'original se trouvait à la Bibliothèque du roi.

Depuis, il paraît que la personne qui détenait cette pièce, pressée par M. Dubois, consentit à la lui remettre pour qu'il la restituât au Louvre, ce qui fut exécuté.

Ici recommence pour cet autographe l'histoire des trente-cinq feuillets du manuscrit grec n° 107, rendus par lord Harley.

Le Louvre, prévenu par une première et longue éclipse de son Raphaël (le seul autographe de ce grand homme que l'on connaisse à Paris), aurait dû veiller avec un soin filial pour en empêcher une seconde. Mais point : *bis repetita placent*, et un matin le bruit se répandit que la fameuse page publiée par M. Duchesne avait de nouveau disparu.

Ce bruit dura quinze ans. — J'en étais, comme tout le monde, à me demander ce qu'il y avait de vrai ou de faux dans cette rumeur, lorsque la révolution de Février arriva. Je négligeai un peu cette affaire; mais il y a quelque temps (depuis les circonstances qui ont donné lieu au présent travail) je résolus de savoir à quoi m'en tenir, et je m'adressai directement au nouvel administrateur du musée du Louvre, M. Jeanron. J'appris de lui, à ma grande satisfaction que l'autographe de Raphaël avait reparu depuis peu. Pour les détails, il me renvoyait à M. Koloff, directeur de la calcographie, qui m'a communiqué avec beaucoup d'obligeance, non seulement la pièce, mais encore le dossier original qui l'accompagne.

Voici au sujet de tous les deux quelques détails assez curieux.

1° Sur la *chemise* qui renferme l'autographe et qui est du temps de la première République, on lit : « *Pièce originale du marché que* « *Raphaël avait fait pour le tableau de.... à ...* (1) *qui était entre* « *les mains de l'abesse du couvent.* »

2° Dans l'intérieur de la chemise, on trouve d'abord la lettre que voici (ce qui suit est imprimée jusqu'au mot Paris inclusivement) :

« A Venise, le premier jour complémentaire de la République française.

« COMMISSION
« *des Sciences et des Arts*
« ARMÉE D'ITALIE.
« Liberté, égalité.

« *Les commissaires du gouvernement français, pour la recherche* « *des objets des arts en Italie, aux citoyens composant le muséum* « *des arts à Paris.*

« Citoyens,

« Tout ce qui vient d'un homme qui a illustré son art, inspire un « grand intérêt à la postérité ; nous espérons donc que vous recevrez « avec plaisir un écrit de Raphael que nous vous transmettons. C'est « un marché qu'il a conclu pour le tableau du couronnement de la

(1) Si je ne dis pas le nom de l'endroit, c'est pour me conformer au désir que m'en a exprimé M. Koloff, qui craignait, dans le cas contraire, de voir arriver quelque réclamation de l'étranger, au sujet de cette pièce d'un si vif intérêt. En général, nos établissements publics redoutent assez les réclamations, comme on voit, et si l'on appliquait au musée du Louvre les doctrines de la Bibliothèque nationale, il pourrait avoir beaucoup à rendre. Je serais curieux de savoir, par exemple, où en sont les demandes en restitution de tableaux, de statues et d'autres objets d'art, formées, avec toute justice, par la famille Richelieu, demandes auxquelles on allait obtempérer, lorsque la Révolution de Février est venue reculer la solution de cette affaire?

« Vierge. Après avoir recueilli les chefs-d'œuvre que nous devons à
« l'armée d'Italie, après avoir pris toutes les mesures pour qu'ils
« soient transportés sans éprouver aucune altération, la commission
« des arts pour l'armée d'Italie a cessé ses fonctions.

« Nous nous félicitons que le fruit de nos recherches soit confié
« à des citoyens qui réunissent, comme vous, une connaissance pro-
« fonde des arts et un zèle ardent pour le progrès, au dévouement
« pour la gloire de leur patrie.

« Salut et fraternité,

                                    « TINET. BERTHOLLET. »

3° La pièce elle-même est des plus curieuses. Elle se compose de
deux pages petit in-folio, très serrées et très pleines. La première et
les deux tiers de la seconde sont remplies par les articles du traité.
Ce traité passé en 1516, le vingt-unième jour de juin , pour l'exécution de *l'Assomption de la Vierge*, stipule que le tableau devra
être fini pour le mois d'août 1517, de manière à ce qu'il puisse être
placé dans l'église des religieuses, pour la fête de la Vierge de la dite
année. Il stipule en outre que Maestro Raphaelo, et Maestro Berto
son compagnon choisi (electo), recevront 200 ducats d'or. Maestro
Berto recevra 80 *écus* d'arrhes (d'arra) et Raphael 20, pour le bois,
les couleurs, l'or, les pilastres, etc. — 70 *ducats* seront remis à la
moitié de l'œuvre ; le reste à la fin, quand l'œuvre aura été conduite
au monastère. Si dans le trajet il s'opère quelque lésion, Maestro
Raphaelo sera tenu de la réparer.

C'est après ce traité que l'immortel génie a ajouté les trois lignes
et trois mots qui suivent, tracés d'une main ferme et d'une très
belle écriture, très posée ; je les donne avec les abréviations de l'original.

« Io Raphaello so contento qto (quanto) de sopra e scripto e a fede
« ho facto questa (2ᵉ ligne) de mia mano in Roma die dicta et sono
« contento haver il mio pagamento (3ᵉ ligne) uz duc. (ducati) cento
« finita incta (indicata) la opera non obstante quanto nel penultimo
« (4° ligne) capitulo se contiene. »

4° La quatrième pièce de ce dossier est une lettre de M. Dubois, datée de 1834, époque à laquelle, on le sait, M. Dubois aspirait à être nommé directeur du Musée égyptien. Il écrit donc à M. de Cailleux une lettre dans laquelle il lui dit, *que voyant s'approcher le moment où il aura à appeler sur lui la bienveillance royale, il est dans l'obligation de le prier de vouloir bien lui donner tous les certificats constatant les services qu'il a rendus;* entre autres, CELUI D'AVOIR FAIT RENTRER ET DE LUI AVOIR REMIS en mains propres SANS REÇU , *se confiant à son honneur et à sa probité*, un très précieux autographe de Raphael. Il donne à entendre dans sa dernière phrase (*ce qui prouve que l'autographe avait disparu de nouveau*) que sans ce certificat, une *inimitié qu'il connaît, cachée, mais ardente, pourrait bien l'accuser de n'avoir pas remis ce Raphael*, etc.

Là s'arrête le dossier. Il n'y a ni réponse de M. Cailleux, ni renseignement sur la rentrée de l'autographe, ni autres pièces. Ce qu'il y a de sûr, c'est que M. Dubois fut *nommé*, qu'il ne cria pas sur les toits l'enlèvement du Raphael, et que l'autographe resta perdu pour la seconde fois; si bien perdu qu'il n'a été retrouvé *que tout récemment*, depuis la révolution.

Voici les détails de cette portion de l'histoire :

Après la publication des *fac simile* de l'Isographie, cette pièce fut volée de nouveau. Quel était l'auteur de cette soustraction qui dura de 1833 jusqu'en 1848 ?... Je l'ignore. Après une si longue disparition on regardait au Louvre, et parmi les amateurs d'autographes, cette page comme perdue, et l'administration, ainsi qu'on dit vulgairement, en avait fait son deuil, lorsque, dans les premiers mois qui suivirent la révolution de Février, (tout ce qu'on va lire est de M. Koloff, le conservateur de la calcographie, sous la garde duquel est actuellement ledit autographe), on vit un jour se présenter au musée une femme qui demanda à parler au directeur. Cette dame raconta que son mari, qui venait de mourir, s'étant confessé *in extremis*, avait avoué au prêtre qui l'assistait, qu'il était détenteur d'un autographe de Raphael appartenant au musée; — que le confesseur lui avait ordonné de le rendre pour se réconcilier avec Dieu; et que, sur les recommandations que son mari lui en avait faites avant de mourir, elle venait en opérer la remise. Tirant alors d'un portefeuille ou carton qu'elle portait sous son bras, le traité que nous avons décrit tout à l'heure, elle le tendit à M. le directeur du musée, et se retira sans vouloir laisser son nom.

Il faut espérer que l'on prendra dorénavant toutes les mesures nécessaires pour que cette pièce vagabonde ne sorte plus du musée, si c'est possible. Quant à la Bibliothèque nationale, on voit, malgré la note de l'*Isographie*, que l'autographe de Raphael ne lui a jamais appartenu, et qu'il n'y a séjourné à aucune époque.

Si je devais consigner ici tout ce que j'ai appris à l'aide de l'*Isographie*, je parlerais d'une lettre de Descartes que M. Duchesne a vue et palpée au secrétariat de l'Institut il y a une vingtaine d'années; qu'il a fait lithographier pour l'Isographie, et qui, quelques mois plus tard, avait été prise sans façon par un des membres les plus illustres de l'académie des sciences; mais je garde les détails de ce fait pour une meilleure occasion, ainsi que les renseignements que j'ai recueillis sur un autographe de Pascal, qui existait à la Bibliothèque de l'Arsenal, et dont M. Monmerqué a donné le *fac simile* il y a plusieurs années dans ses *carrosses à cinq sous*. J'ajouterai seulement qu'à l'occasion de ses travaux récents sur Pascal, M. Feugère a annoncé la disparition de ce précieux autographe sans que personne, administrativement parlant, car les amateurs en ont été frappés, s'en soit ému.

Voici un nouvel exemple du peu d'ordre qui a si longtemps régné dans nos plus belles collections.

Il s'agit encore du Louvre. Le jour où j'allai consulter M. Koloff, à propos de l'autographe de Raphael, cet honorable conservateur me dit : «Vous savez, que quand M. Jeanron m'appela ici à son aide, il me chargea de débrouiller et de mettre en ordre la calcographie et toutes les gravures, Je commençai par visiter les salles, galeries, etc. Durant le cours de cette exploration, j'entrai sous les combles, dans un grenier *où il y avait bien trente à quarante mille gravures par terre, dans un chaos inexprimable ; on marchait littéralement dessus.*

« Parmi ces gravures il y en avait d'excellentes, de très rares, de très précieuses que la Bibliothèque nationale même n'a pas. J'essayai de les mettre en ordre, et ce fut alors que je rencontrai ce que je vais vous

montrer et qui est inouï. » Disant cela, M. Koloff atteignit un grand
carton et en tira deux vastes chemises. Dans la première, il y avait la
magnifique gravure de Marc Antoine, représentant le *Martyre de
Saint-Laurent*, pièce très rare, qui se vend, quand elle a les *deux
fourches*, de 2,000 fr. à 1,000 écus, et quand elle n'en a qu'une
comme celle du Louvre, de 1,800 fr. à 2,000 fr. Dans la deuxième
dont je ne me rappelle pas le sujet, il y avait une splendide et merveilleuse eau forte d'un tableau de Rembrandt, *faite par lui-même,*
si belle, que moi, qui ne suis connaisseur et amateur de gravures
que d'une manière très superficielle, j'en fus tout ébloui. C'est vivant,
parlant, écrasant. Cette gravure, qui est une des premières épreuves
de cette pièce, car on distingue encore sur les bords les petits coup[s]
de burin que les artistes donnent comme distraction en travaillant,
cette gravure, dis-je, peut valoir mille francs et plus. Depuis sa découverte, on l'a, ainsi que l'autre, un peu nettoyée ; mais malgré
cela, elles sont toutes deux horriblement sales, tant au dos que sur la
face. On n'en sera point surpris en lisant ce qui suit : « *Savez-vous,*
me dit M. Koloff, *à quoi servaient ces deux merveilleuses pièces ?
Elles servaient de chemises à de mauvaises lithographies sans valeur.* » Et en effet toutes deux en portent encore la marque. Elles
sont pliées dans leur longueur et presque coupées par suite de l'usage
auquel on les employait !

Même après les lettres si spirituelles en compagnie desquelles le
bibliophile Jacob renvoie chaque jour des volumes estampillés à la
Bibliothèque nationale qui n'a cependant *rien perdu*, si l'on s'en rapporte à elle ; même après l'assertion de M. Paulin Paris, au sujet des
vingt-mille volumes volés depuis un siècle à cette Bibliothèque, j'aurais trop de choses à dire sur les livres dérobés ou mutilés au département des imprimés, pour pouvoir traiter ce sujet ici d'une façon
secondaire. Chaque littérateur, chaque bibliographe aurait une riche
moisson de *desiderata* à fournir. Je me bornerai donc à dire quelques mots seulement qui montreront quelles pertes a dû subir la
Bibliothèque nationale.

Remarquons d'abord qu'il y a, on ne sait pourquoi, au département des imprimés un assez grand nombre de manuscrits précieux

qu'on trouve très difficilement, ou qu'on ne retrouve pas du tout. J'en ai fait l'expérience en demandant à diverses reprises plusieurs collections qui sont décrites dans le *catalogue imprimé des livres de théologie de la Bibliothèque du roi*. Après m'avoir répondu qu'on n'avait pas ces manuscrits, on a fini par déclarer qu'ils étaient à la *réserve*, où malgré mes demandes réitérées on n'a pas pu les trouver. C'est la même chose pour tous les livres qui sont absents. *Ils sont à la réserve*, est la réponse accoutumée en cas pareil. Cette *réserve* est une espèce de puits de Saint-Patrice d'où ne se retirent pas facilement ceux qui tombent. En fait de livres précieux qu'on n'a trouvés ni à la *réserve*, ni ailleurs, je citerai la première édition du *Cymbalum mundi*, exemplaire *unique* vendu 350 fr., chez Gaignat, et qui (dit M. Brunet dans son *Manuel*, tome II, pag. 63), *doit se conserver à la Bibliothèque du roi* (1). Il en est de même du Décaméron de Boccace en français (Paris, 1545, in-folio), demandé à plusieurs reprises par M. Motteley. La première édition de la *Grammaire françoise* d'Henri Estienne est également perdue. Voici ce que l'honorable M. Magnin m'a dit à ce sujet :

« Nous la possédions; je l'ai prêtée, il y a deux ans, à M. Francis
« Wey, pour ses travaux sur la langue française. Il nous l'a rendue.
« Je l'ai mise dans mon tiroir. On l'en a retirée pour la *dérelier*
« parce qu'elle contenait plusieurs ouvrages, et depuis je n'ai jamais
« pu savoir ce qu'elle était devenue (2). »

(1) J'ai demandé aussi sans plus de succès l'édition d'*Amsterdam* de 1711, qui est assez appréciée. Elle a disparu également.

(2) Cette opération du *déreliage*, inventée récemment à la bibliothèque (depuis qu'on travaille au catalogue des livres imprimés), pour réunir les pièces ou les ouvrages traitant des mêmes matières, pourrait donner lieu, bibliographiquement, et surtout *économiquement*, à bien des observations. Que fait-on des anciennes reliures ainsi enlevées aux volumes qui contenaient des pièces diverses? Les envoie-t-on au pilon ou servent-elles à allumer les calorifères de la Bibliothèque? Je ne sais; mais cette opération du déreliage me paraît aussi logique et aussi utile que ce projet renouvelé de la restauration, qui faillit, il y a quelques années, être mis à exécution dans les bibliothèques de la Couronne, d'enlever toutes les reliures au chiffre de Napoléon, et de les remplacer par des reliures au chiffre monarchique. Cela n'allait pas, pour la bibliothèque du Louvre, à moins de 25,000 volumes. La liste civile s'arrêta devant la dépense.

Je pourrais m'étendre à volonté sur ce sujet, ainsi que sur les ouvrages qu'on cherche vainement pendant plusieurs jours, et sur lesquels on met plus tard la main par hasard. J'ai vu ainsi refuser comme perdus, quoiqu'on les eût donnés en lecture quelques mois auparavant, le *Fierabras*, publié par M. Becker (on avait oublié de le porter au catalogue, et c'est moi-même qui l'y ai fait inscrire), le *Parnasse occitanien*, et d'autres livres qu'on a retrouvés depuis.

Voici un autre exemple non moins curieux de la confusion qui règne à la Bibliothèque.

J'avais demandé inutilement à plusieurs reprises, pour finir quelques études sur le théâtre espagnol, *las Mocedades del Cid* de Guilhem de Castro. On n'avait pu me les donner. M. Hippolyte Lucas n'avait point été plus heureux que moi, et on lui avait répondu après différentes recherches qu'on ne les possédait point. En effet, au *Catalogue* il n'y a pas une édition marquée de Guilhem de Castro. On y trouve seulement indiqués les deux volumes (formant deux exemplaires) des *Doce comedias de los cuatro poetas famosos naturales de la ciudad de Valencia*, comédies dans lesquelles il y a trois pièces de Guilhem de Castro ; mais ce ne sont pas *las Mocedades*, ses meilleurs et ses plus fameux drames. On me soutenait donc à la Bibliothèque, en déplorant le fait, que, ni une édition de Guilhem de Castro, ni ces pièces à part, ne se trouvant indiquées au catalogue, *c'est qu'on ne les possédait pas.*

Heureusement je suis lié depuis longtemps avec l'un des plus vieux employés de la Bibliothèque, et qui la connaît parfaitement. Je lui expliquai le cas, en lui disant qu'il était *impossible* qu'on n'eût pas, aux imprimés, un Guilhem de Castro, ou du moins ses deux pièces principales, le Cid espagnol enfin. Il me répondit alors : « Tout ce qu'on « vous a objecté ne signifie rien. Il y a ici *beaucoup de livres* qui « ne sont sur aucun catalogue, et que nous possédons cependant. *J'ai* « *eu longtemps* à ma disposition, mais on m'a retiré *pour les mettre* « *dans* une armoire, *plusieurs milliers* de cartes faites par Van Praet, « qui oubliait ensuite de reporter cela sur les catalogues, et dans lesquelles on trouve indiqués une foule de livres précieux ; mais que « voulez vous ? certaines personnes ont tout *désorganisé.* Laissez-moi

« le titre de l'ouvrage : je verrai si je puis trouver ce livre. Les cartes
« sont en bas. C'est à peine si j'ose, y aller, car lorsque je demande la
« clef pour y chercher quelque chose, c'est presque une affaire
« d'État : on me regarde de mauvais œil. »

Ce disant, il descendit. Heureusement la clef était après l'armoire. Il l'ouvrit, chercha, et au bout d'une demi-heure, il m'apporta les cartes *elles-mêmes qui concernent Guilhem de Castro*, et
où se trouvent mentionnées les pièces suivantes :

Allá van leyes donde quieren reyes. — Un exemplaire.

El Amor constante. — Quatre exemplaires.

El Caballero bobo. — Quatre exemplaires.

El Nieto de su padre. — Un exemplaire.

La Piedad en la justicia. — Un exemplaire.

Las Mocedades del Cid. — (De chacune des deux pièces un exemplaire).

Il me remit en même temps ces deux drames, édition de Valence,
*imprenta de Joseph y Tomas de Arga, en donde se hallara esta y
otras de discretos titulos, año 1796, in-4.*

Que faut-il donc croire lorsqu'on s'entend dire à la Bibliothèque
nationale : *Nous n'avons pas le livre que vous nous demandez ?* Et
jusqu'à quel point doit-on se fier aux réclamations que pourrait élever
une administration aussi peu sûre d'elle-même ?...

J'ai hâte de finir, et je terminerai par l'*Enfer*. On sait qu'on
appelle ainsi un endroit où l'on met à la Bibliothèque nationale les livres obscènes, endroit dont M. Naudet, dans sa *Lettre à M. Libri*,
pag. 7, dit : *Les conservateurs seuls en ont la clef.* On avait assuré
que les livres de l'*Enfer* avaient disparu. C'était un tort si l'on avait
écrit *tous*. Aussi M. Naudet s'était-il empressé de répondre que la Bibliothèque *était prête à montrer cet Enfer* qui renferme des *livres
fort mauvais, mais quelquefois très précieux pour les bibliophiles et
d'une grande valeur vénale*, à une personne que l'on désignerait. Or,
voici ce que j'ai appris de source certaine, à propos de cette bizarre
collection, pour laquelle on ne peut espérer la réalisation de ce pro-
verbe : *La mère en permettra la lecture à sa fille.*

« Nous avions ici, m'a dit quelqu'un nourri dans le sérail et pour

« qui la Bibliothèque n'a point de secrets, au moins 600 volumes de
« ce genre. Je les ai maniés souvent ; mais depuis mon entrée à la Bi-
« bliothèque jusqu'à ce jour on a nommé successivement comme
« employés beaucoup de jeunes gens. Tous ou la plupart ont voulu
« lire ces livres. On les a empruntés et sans aucune mauvaise inten-
« tion, car, à cette époque, personne ne tenait à ces ouvrages, on
« les a égarés, oubliés ; bref, on ne les a pas rendus. Voilà comment
« nous en avons perdu les deux tiers ! »

Cet aveu, qui contient certainement l'expression de la vérité, est
précieux sous tous les rapports, car il renferme, on peut le dire, tout
le secret de la fausse situation où se trouve la Bibliothèque nationale.
L'administration actuelle, et surtout l'honorable chef de cette administration, croient qu'on les accuse, tandis qu'on reconnaît au contraire qu'ils font tout ce qu'ils peuvent pour s'opposer au mal et pour
rétablir l'ordre là où régnait la confusion ; mais peuvent-ils dissimuler ce qui existe ?... Feront-ils que Van Praet, tout admirable bibliographe et bibliophile qu'il était, n'ait eu sur la fin de sa vie, à l'époque où ses facultés baissaient, et où il n'était plus que l'ombre de
lui-même, la singulière manie d'enfouir dans plusieurs centaines de
cachettes, la plupart inconnues encore, des ouvrages de grand prix
ou d'une grande rareté, qu'il croyait en les enlevant ainsi au prêt
et la communication, soustraire à toute espèce de danger ? Peuvent-
ils empêcher leurs prédécesseurs d'avoir été peu actifs ?... Les excu-
seront-ils de n'avoir su prendre que des mesures insuffisantes ?... Ce
serait de la puérilité que de l'essayer. Les faits sont patents. Toutes
les personnes, et le nombre en est grand dans Paris, qui sont allées
demander quelques ouvrages à la Bibliothèque nationale, témoi-
gneront de ceci, que, sur dix volumes que l'on désire consulter,
c'est à peine si, avec beaucoup de temps et après de longues recherches, on peut vous en communiquer la moitié. Pour le reste on vous
répond *que le livre est prêté au dehors*, ou bien *qu'il est en communication au dedans*, ou enfin *qu'il est à la reliure*. C'est ce qui faisait
dire à un Allemand de mes amis, qu'il fallait que la Bibliothèque fût
bien plus considérable qu'elle en avait l'air, et qu'il n'était point
étonnant dès lors qu'on parlât d'agrandir les bâtiments qui la con-

tiennent, puisqu'elle avait, pour le moins, autant de volumes absents qu'on en comptait sur ses rayons.

Celui qui écrit ces lignes est loin d'être, — que M. Ravenel veuille bien le croire, — un *ennemi* de la Bibliothèque nationale. Il a été en quelque sorte élevé chez elle, — nourri par elle, — et il n'y a pas de jour où il n'ait à rendre grâce de quelque obligeance, à l'un ou l'autre de ses conservateurs ou de ses employés ; mais il a été, — il doit le dire la main sur le cœur et sur la conscience, — très péniblement affecté, lorsqu'il a vu M. l'administrateur de la Bibliothèque nationale, par un sentiment louable mais exagéré de solidarité avec ses devanciers, se jeter au milieu d'une affaire qui ne le concernait pas, prendre fait et cause, avec une acrimonie et une dureté qui a dépassé involontairement ses intentions, contre un homme malheureux, contre un savant illustre, son confrère à l'Institut, contre un absent enfin, obligé, pour éviter une détention préventive qui n'eût en rien avancé sa justification, de quitter la France, abandonnant on ne sait à qui, ou plutôt on le sait trop, ses meubles, ses papiers, sa correspondance la plus intime, ses livres, et jusqu'à ses vêtements qu'on n'a pas voulu, jusqu'ici, accorder à ses amis la liberté de lui faire parvenir. Le sentiment qu'il a éprouvé et qu'il exprime a été partagé par tout le public, et M. l'administrateur, nous aimons à le croire, a plus d'une fois regretté depuis son trop de vivacité à l'égard d'un homme qu'il avait traité en ami au temps de sa prospérité. En définitive, de quoi s'agit-il dans la malheureuse affaire à laquelle nous faisons allusion, et que sont venues grossir de tout leur cortége de haine les passions politiques et scientifiques ?... Il s'agit d'un petit nombre de volumes imprimés qu'on accuse, dit-on, M. Libri, sans qu'il y ait jamais eu contre lui aucune plainte des établissements publics, et uniquement parce qu'on les trouve parmi les 60,000 ouvrages qu'il avait mis vingt ans à réunir, d'avoir enlevé aux bibliothèques. Eh quoi ! de ce que vous rencontrez chez un collecteur quelques volumes ayant appartenu à des établissements publics, vous allez en conclure que c'est leur possesseur actuel qui les leur a dérobés ! C'est là une accusation insensée. Moi qui vous parle, je connais à Paris vingt bibliothèques particulières contenant de 100 à 200 volumes au moins, marqués du timbre de vos établissements publics, volumes dont les propriétaires seraient entièrement incapables de vous dire aujourd'hui la provenance, mais qu'ils n'ont pas moins achetés très loyalement, souventes fois aux enchères publiques, sans que jamais commissaire-priseur, conservateur ou administrateur général, ait fait, en ce temps-là, sur ces ventes ou achats, la plus petite observation. Il y a mieux : prenez au hasard un de nos grands collecteurs de livres, d'autographes, d'estampes, etc. ; — saisissez sa collection, et je me fais fort, ainsi que la plupart des bibliophiles, de vous démontrer qu'en dehors des pièces portant timbre ou ayant marque quelconque d'avoir appartenu à un établissement public, cet amateur possède, à son insu même, une foule de pièces qu'avec les doctrines de la Bibliothèque nationale, l'État pourrait réclamer, et dont je vous indiquerai la provenance. Dès ce moment, pour peu que vous y mettiez de la bonne volonté, — pour peu que vous partiez *a priori* de ce principe dont vous voudriez faire loi pour M. Libri, que quiconque possède ainsi est coupable de vol, ou tout au moins est détenteur de mauvaise foi, sous prétexte que c'est aux acheteurs à prendre leurs précautions et à s'informer, — dès ce moment, dis-je, j'affirme que vous pouvez arrêter, emprisonner et dépouiller à coup sûr tous les collecteurs de Paris, car *tous*, — entendez-vous bien, — *tous*, ont dans leurs portefeuilles, leur galerie, leur bibliothèque, un plus ou moins grand nombre d'articles ayant appartenu à des établissements publics.

Je termine en adjurant la justice de mon pays de continuer, comme elle l'a toujours fait, à mettre son impartialité au-dessus de la haine sauvage des partis politiques, et au nom de la tempérance et de la raison, j'en appelle *de Philippe ivre à Philippe à jeun*.

FIN.

POST-SCRIPTUM

Ce qui précède était écrit et livré à l'impression, lorsque les faits suivants sont venus à ma connaissance.

Par suite du décès de l'honorable M. Villenave, dont toute la vie a été consacrée, au su de tous les gens de lettres, à la formation d'une très riche et très belle collection, le catalogue de ses autographes a été publié et le jour de leur vente annoncé. La Bibliothèque nationale, SOUPÇONNANT quelques unes des pièces indiquées dans ce catalogue, de lui avoir appartenu, a fait arrêter la vente, sur ce point là du moins, et dresser procès-verbal. Or, tout le monde sait que M. Villenave n'achetait plus depuis bien des années. Il y avait donc fort longtemps qu'il possédait ces pièces, dans lesquelles il y en avait peut-être quelques-unes de celles qu'il avait réussi à sauver lorsque Ameilhon, bibliothécaire de l'Arsenal, et grand révolutionnaire par dessus le marché, présidait sur la place Vendôme, à la destruction de 652 cartons ou volumes sortant de la Bibliothèque du roi. Heureuse époque d'ignorance à réjouir profondément le cœur de M. Carnot ! C'était le temps où un ministre (de la guerre il est vrai), donnait *trois heures*, pour commencer et achever l'évacuation de la grande bibliothèque Saint-Victor, les livres devant, ce délai passé, être jetés par la fenêtre. Aussi en compta-t-on jusqu'à 800,000, entassés pêle-mêle dans une église de la rue Saint-Antoine! Mais est-ce bien là une raison pour traiter M. Villenave en *voleur* ou en *recéleur*?

A ce compte le ministère public aurait beaucoup à faire, et il devrait exercer son inexorable vindicte, non seulement sur la mémoire des hommes les plus estimables, mais encore aller fouiller dans l'intérieur des familles et remuer les collections particulières. Que ferait-il, par exemple, si je lui disais qu'une des plus hautes notabilités du faubourg Saint-Germain possède, *achetés sur les quais*, il y a

8

vingt ans, *treize volumes in-folio*, qui ne sont autres, l'un que l'original, contenant un grand nombre de lettres autographes du roi de France, du roi d'Espagne, etc., des négociations relatives au mariage de Louis XIV; les *douze* autres, que la correspondance originale, avec les chiffres, les grilles, les noms de convention, etc., du duc d'Harcourt, durant son ambassade en Espagne. Le premier de ces volumes porte encore le timbre du ministère des affaires étrangères, et M. d'Hauterive, directeur à ce ministère, qui fut mis au courant de ces faits par le détenteur même des volumes en question, le loua fort, loin de le blâmer, de les avoir arrachés, en les achetant, aux chances de destruction et de dépècement qu'ils couraient, exposés au soleil et à la pluie, sur le parapet du Pont-Royal.

Enfin voici un fait des plus bizarres. L'honorable procureur de la République lui-même, M. Victor Fouché, avec lequel j'ai eu l'honneur de me rencontrer souvent dans le salon de son illustre beau-frère, M. Victor Hugo, grâce aux doctrines nouvelles de la Bibliothèque nationale, sur la vente et sur l'échange, pourrait bien ne pas se trouver lui-même à l'abri de toutes poursuites. En effet, M. le procureur de la République (je le tiens de sa propre bouche) a, sur les rayons de sa bibliothèque, *deux cents volumes* à peu près, ayant appartenu à des établissements publics et qu'il a échangés soit avec la bibliothèque de Rennes, soit avec celle du château ou de la ville d'Eu. Je suis bien loin de lui en faire un crime, et j'estime que ces ouvrages étaient bien mieux placés dans ses mains en lui servant pour les grands et beaux travaux historiques qu'il a exécutés, que dans les casiers poudreux d'une bibliothèque où les vers seuls les visitaient; mais M. Victor Fouché est-il bien sûr d'avoir accompli, afin de se procurer ces livres, toutes les formalités qu'on exige aujourd'hui pour les échanges? L'affaire du Théocrite de Carpentras, tant reprochée à M. Libri, et quelques passages des écrits de M. Naudet, ne me laissent pas sans inquiétude pour M. le procureur de la République.

Sérieusement parlant, toutes ces accusations banales de livres volés sont déplorables, et l'on ne comprend pas que des hommes graves s'y attachent. Il faudrait, selon moi, remercier les collecteurs au lieu de les attaquer, d'avoir, depuis cinquante ans, arraché aux épiciers et aux bouquinistes, les raretés autographes ou autres qui, sans eux, auraient aujourd'hui disparu. Ce que j'ai peine à concevoir surtout, c'est, comme je l'ai dit dans ce qui précède, la position offensive prise par l'administration de la Bibliothèque nationale en ce débat. Parce qu'on n'a pas su, depuis longtemps, surveiller suffisamment les trésors dont on avait charge, doit-on se croire autorisé à jeter, à la petite armée des collectionneurs, — armée d'élite et de choix, — une accusation de vol et de recel ?... J'aimerais mieux qu'on l'adressât au public tout entier. Oui, au public entier, et il y aurait de quoi soutenir largement cette accusation. Veut-on en effet ajouter une nouvelle preuve à celles que j'ai données déjà, du nombre immense de soustractions opérées par des mains inconnues à la Bibliothèque du roi ?... Ecoutez ceci qui date seulement de quelques jours.

Le mardi 29 janvier 1850, je me suis présenté au département des manuscrits, et j'ai demandé à faire une recherche dans les cartes, au nombre de plusieurs centaines, qui contiennent le dépouillement pièce par pièce, de la collection Colbert. Le conservateur chargé du soin de ces cartes, m'a répondu, — 1° qu'à moins d'avoir autre chose qu'un nom, il me serait impossible de rien trouver dans ce pêle-mêle, attendu que primitivement, au lieu de ranger cet inventaire par ordre alphabétique, on l'avait divisé par ordre chronologique. Or, justement, je n'avais et ne pouvais avoir aucune date même approximative, pour la recherche que je voulais faire ; — 2° qu'eussé-je une date, je ne trouverais pas davantage, attendu que les cartes dont il s'agit, étaient dans le plus complet pêle-mêle ; qu'elles présentaient une parfaite image du chaos et que, depuis longtemps, on avait renoncé à s'en servir.

« Nous sommes, m'ajouta cet honorable conservateur, dans un désordre dont il nous faudra *vingt-cinq ans au moins pour sortir.* Il y a ici de vastes collections (je le savais par le fonds Dupuy), qui ne sont ni paginées, ni timbrées, ni cataloguées. Tenez, vous voyez ces volumes (et il me montrait du doigt bon nombre d'in-folios, couverts en parchemin); ils appartiennent à notre magnifique fonds Saint-Germain, si riche et si étendu. Eh bien ! je ne puis les faire relier avec le reste de cette collection parce qu'ils ont été mis au pillage. A tous il manque des pièces, et quelques-uns sont réduits au quart ou à la moitié de ce qu'ils étaient jadis. Or, nous n'avons d'autres moyens de constater ces soustractions que de garder ces volumes dans l'état où vous les apercevez. Les feuillets en ont été enlevés; *mais il y reste encore les ficelles, et, en l'absence de catalogue, c'est la seule preuve du vol que nous ayons.*

« Pourtant, soyez tranquille ; les acheteurs et surtout les vendeurs d'autographes, n'ont qu'à se bien tenir. *Il faut que nous exterminions leur commerce.* On nous a pris, que sais-je? peut-être *dix mille pièces.* Eh bien! peu-à-peu nous les ferons rentrer, et sans bourse délier. La plupart ne sont pas timbrées, c'est vrai; mais il y a d'autres signes auxquels on peut reconnaître leur provenance, l'adresse par exemple, ou quelques mots de leur contenu. Or, dussions-nous avoir vingt procès, nous réclamerons, nous arrêterons les ventes comme cela nous est déjà arrivé; et nous finirons bien, de gré ou de force, par réintégrer ici tout ce qui nous a été enlevé. »

Pour ma part je souhaite sincèrement, — (moins les voies et moyens toutefois et surtout moins l'extermination du commerce des autographes, car alors il faudrait aussi exterminer celui des livres, et Dieu sait de quoi nous vivrions nous autres gens de lettres), — que ce vœu de l'honorable conservateur se réalise. J'irai plus loin. Je donnerai, je l'avoue, de grand cœur, ma modeste part de souscription, pour une couronne civique à décerner à M. l'administrateur général de la Bibliothèque, le jour où j'apprendrai officiellement que les *dix mille pièces autographes,* dont l'enlèvement est avoué, ainsi qu'on vient de le voir, par MM. les conservateurs eux-mêmes, sont enfin rentrées au département des manuscrits.

ERRATUM.

Page 20 et page 31, au lieu de *tome 61-62,* lisez : tome 61.

Page 32, au lieu de *Henri de Montiagne,* lisez : Henri de Montaigne.

2992   Imp. Maulde et Renou, r. Bailleul, 9-11.

[Library stamps: BIBLIOTHÈQUE ROYALE; BIBLIOTHÈQUE NATIONALE; R.F.]

Sire

C'est estre au des sus du pois et de la foule de nos
grans & importans affaires que de nous sçauoir
prester & desmettre aux petits. a leur tour
suiuant le deuoir de nostre authorité royalle
qui nous expose a toute heure a toute sorte et
degré d'homes & d'occupations touteffois ce que
uostre maiesté a déigné considerer mes lettres et y
comander responce i'eime mieus le deuoir a la
benignité qu'a la rigeur de son ame. J'ay de tout
temps regardé en nous cette mesme fortune ou nous
estes et nous peut souuenir que lors mesme qu'il
m'en faloit confesser a mon cure ie ne laissois de
uoir aucunement de bon euil uos succez a present
auec plus de raison et de liberté ie les embrasse
de pleine affection Ils nous seruent la par effaict
mais ils ne nous seruent pas moins icy par réputation
le retentissemant porte autant que le coup Nous ne
saurions tirer de la iustice de nostre cause des
argumans si fors a meinteir ou reduire nos subietz
come nous fesons des nouuelles de la prosperité de
uos entreprises et puis assurer uostre maiesté que
les changemans nouueaus qu'elle uoit pardega a
son aduantage son heureuse issue de Diepe y a bien
a point secondé le franc zelle & merueilleuse
prudence de monsieur le marqéchal de Matignon.

47

duquel ie me fois accroire que nous ne receues pas
iournellemant tant de bons & seignalez seruices
sans nous souuenir de mes assurances & esperances
f'aiteus de ce prochein es le non tant les fruits a
nourrir come ceus de nostre commune tranquillité et
qui passera sur uos affaires auec mesme tenur de bon
heur faisant euanouir ame les precedantes tant
de grandes promesses de quoi uos aduerseres nourisse
la uolanté de leurs homes. Les inclinations des peuples
se mauuent a ondees si la pente est une fois prinse a
nostre faueur elle s'emportera de son propre branle
iusques au bout f'eusse bien desire que le guein
particulier des soldats de nostre armee et le besoin
de les contanter ne uous eut desrobé nomeemant
en cette uille principale la belle recomandation
d'auoir treté uos subietz mutins en pleine uictoire
auec plus de soulagemant que ne font leurs protechs
d'qu'a la differance d'un credit passager et
usurpé uous eussies montré qu'ils estoint uostres
par une protection paternelle et uraiem.mt royalle.
A conduire tels affaires que ceus que uous aues
en main il se faut seruir de uoies non communes
si s'est il tousiours ueu qu'on les conquestes par leur
grandur et difficulté ne se pouuoint bonemant
parfaire par armes et par force elles ont esté
parfaictes par clemance & magnificence excellans
leurres a attirer les homes specialemant uers le
iuste et legitime parti S'il y eschoit rigueur &

et chastiemant il doit estre remis apres la possession
de la maistrise. Un grand vaingueur du temps passé
se vante d'avoir donné autant d'occasion a ses enemis
subiuguer de l'eimer qu'a ses amis Et icy nous
sentons desia quelqu'effact de bon prognostique
de l'impression que reçoivent nos rebelles desuoies
par la comparaison de leur rude trettemint a
celluy des rebelles qui sont soubz nostre obeissance.
Desirant a nostre maiesté une felicité plus presante
et moins hasardeuse & qu'elle soit plus tost cherie
que crainte de ses peuples et tenant son bien
necessairemant atahé au leur ie ne retours que
ce mesme auancemant qu'elle faict uers la victoire
l'anance aussi uers des conditions de paix plus faciles
Sire uostre lettre du dernier de nouambre n'est
uenue a moy qu'a ceste et au dela du terme qu'il vous
plaisoit me prescrire de nostre seiour a Tours. Ie reçois
a grace singuliere qu'elle aie deigné me faire sentir
qu'elle prandroit a gré de me uoir / persone si inutille
mais sienne plus par affection encore que par deuoir.
Elle a tresfonablemant rangé ses formes externes a la
hautur de sa nouuelle fortune mais la debonaireté
& facilité de ses humeurs internes elle faict autant
lonablemant de ne les changer Il luy a pleu auoir
respect non sulemant a mon caige mais a mon desir aussi
de m'apeler en lieu ou elle fut un peu en repos de ses
laborieuses agitations Sera ce pas bien tost a
Paris Sire et y aura il moiens ny sante que ie
n'estande pour m'y randre

                                              48

de montaigne le 18 de Janu.

                        Vostre treshumble &
                        tresobeissant seruitur et
                        subiect MONTAIGNE

Nov

Fragment d'une quittance pour payement d'un quartier de ses appointemens, signée de Montaigne.

N.º 1.

[facsimile de signature]

Fac-simile du passage du Catalogue par volumes de la collection Dupuy, où se trouve la tache d'encre destinée à dissimuler l'enlèvement de la lettre autographe de Montaigne éditée dans la Guterie Française.

N.º 2.

Volume 712. &c.

Lettres de plusieurs personnes de qualité.

Ronsard henry Etienne Coquelay el dubuy.

[barré] Audebert. d'Albain el Dubuy.

Du Bartas Corbinelli Bougaret Vanderlas

Guillemier. Renaut — Dolet s. Iovi dafava

Coutias. Pasquier. Linguelhenn & Vorueren

Th. Beza 'C DuMoulin Plantin Vinet.

Savaron Sponde. Dony. d'Aviron

Du Haillan Guessier Rivet &c.

Fac-simile du passage du catalogue alphabétique de la collection Dupuy où se trouve, par erreur, indiquée sous un autre nom que celui de Montaigne, la lettre qui existait jadis dans le manuscrit volume 712.

N.º 3.

Mariage d'âme de montafié v. montafié.
mariage. montagu V. 761.
Lettre de montagu v. 712. montagu
Dela Condannation du S. de montagu
1409 V. 744.
Son de Sere bienes au Dauphin 1409 ji
Contract de mariage de la Dame
de montagu 1551
Don de montagu en Cambraine
a pierre de Bourbon. v. Bourbon.
Monstreüil prés Paris. v. Pierrefond. monstruil.

ON TROUVE

A la Librairie archéologique de DIDRON,

place Saint-André-des-Arts, 30,

LES OUVRAGES SUIVANTS DE M. ACHILLE JUBINAL :

LES ANCIENNES TAPISSERIES HISTORIÉES DE FRANCE,
ou Collection des Monuments de ce genre, les plus remarquables
qui nous soient restés du onzième au seizième siècle; *ouvrage qui
a obtenu de l'Académie des Inscriptions une des trois médailles d'or
décernées aux meilleurs travaux sur les Antiquités nationales.* 2ᵉ édition. — 2 vol. in-fol., format d'atlas, texte illustré.

  PRIX : En noir, pour 22 livraisons à 15 fr. 330
    Sur papier de Chine, à 40 fr. la liv. 880 fr.
    Coloriées, à 70 fr. la livraison. . . . 1,540

LETTRES sur quelques-uns des Manuscrits de la Bibliothèque royale
de La Haye, suivies de Notices et Extraits de ces mêmes manuscrits; 1 vol. in-8, prix : 7 fr. 50 c.

LETTRES sur les Pyrénées, ou Voyage de Paris au Canigou; 1 vol.
in-8, prix : 7 fr. 50 c.

LA ARMERIA REAL, ou collection des principales pièces de la
Galerie royale des Armes anciennes de Madrid; 2 vol. in-fol., texte
illustré, avec 83 planches lithographiées et gravées, représentant
les armes de toute l'Espagne célèbre, depuis le Cid jusqu'à Charles-
Quint.

  PRIX : En noir. . . . ., 105 fr. » c.
    Sur papier de Chine. 157 50
    Coloriées. . . . . 210 »
     (Non compris la reliure.)

SUPPLÉMENT à la Galerie des armes anciennes d'Espagne (*Armeria
real de Madrid*), 1 vol. in-fol. avec quarante planches formant dix
livraisons (les deux premiers volumes ont paru depuis longtemps).

  PRIX des dix livraisons en noir. . . 50 fr.
    Sur papier de Chine. 75
    Colorié 110

LETTRE A M. PAUL LACROIX, contenant un curieux épisode
de l'histoire des bibliothèques publiques, in-8, 1 fr.

Sous presse :

ÉTUDES DE LITTÉRATURE ÉTRANGÈRE (Espagne et Italie),
2 vol in-8.

LE COMTE DE LUCANOR, traduit de l'espagnol, in-8.

LE ROMAN DE FAUVEL, manuscrit du quatorzième siècle, publié
pour la première fois, 1 vol. in-8.

2846 Paris. — Imp. et Lith. de Maulde et Renou, rue Bailleul, 9-11.

www.ingramcontent.com/pod-product-compliance
Lightning Source LLC
Chambersburg PA
CBHW060209100426
42744CB00007B/1227